U0067831

釋迦的本心

再次甦醒的佛陀的覺悟

大川隆法
Ryuho Okawa

台灣幸福科學出版有限公司

前言（改訂新版）

本書以現代人通俗易懂的形式，將釋迦的思維方式寫成文字。內容橫跨了小乘佛教與大乘佛教。

小乘與大乘的思想為釋迦死後經歷數百年所展開，因此加入了後世弟子們的想法。

本書內容的本質，同時反映了釋迦轉生世間時的想法，以及釋迦回到天上界後開始進行指導的想法。

祈念本書能成為一本與眾不同的佛教思想入門之書。

我預言當今這個傲慢不遜的時代，不會長久持續下去。

一九九七年　十月

幸福科學集團創立者兼總裁　大川隆法

前言（舊版）

我對此次《釋迦的本心》的出版發行，甚感欣慰。

本書的第一章，以故事的方式講述了釋迦出家、成道之經過。自第二章以後的各章中，則闡明了釋迦教義的核心架構。此後，我還將陸續透過著書，深入探究佛陀智慧，與各位共同探究奧祕的佛法真理。

全書鳥瞰了釋迦的思想全貌，鮮明地再現了佛陀超凡入聖後對生命與宇宙的宏偉思維，即使是對八正道、六波羅蜜多、空的思想和緣起之法等佛教義感到陌生的人，也能透過深入淺出的解說，開啟探知佛法的第一扇門。

本書與《太陽之法》、《黃金之法》、《永遠之法》三部代表著作一樣，亦是透過靈言啟示落稿成書。

我真誠地希望本書能夠成為滋補人們心靈之食糧。

一九八八年　八月

幸福科學集團創立者兼總裁　大川隆法

目錄 Contents

第二章

八正道的發現 53

第三章

六波羅蜜多的思想……89

第四章 「空」的思想……127

第五章 緣起之法……167

第六章

第一章

菩提樹下的覺悟

一、出家

本書書名為《釋迦的本心》，主要是對喬答摩．悉達多（Gautama Siddhartha），即釋迦（釋尊、釋迦牟尼、佛陀）的覺悟內涵，以及悟後的行動，其背後的本心加以探究。

因此，在釋迦個人背景的說明上會較為簡單，重點會放在釋迦從出家至大悟後的內心精進過程，以及釋迦在其後幾十年傳道期間的根本思想。

至今在許多佛教書籍中，均不乏對「釋迦出家」有多所的描述，可以說這些敘述有八成大致上是真實的。釋迦出家的理由，主要有三個。

第一個理由，即是來自內在的聲音：「無論王宮的生活如何安樂，都無法達成我的大志、本願，似乎有某種更宏觀，一個未知的世界在等待著我。」在釋迦的內心感受到一種強烈的呼喚。

換成現代的話來形容，釋迦當時的心情，與一個懷有雄心壯志，想要「成就大事、名揚千古」進而遠走他鄉的青年很相似。或者是說，他有著與生俱來的資質，或感到自己的天命。

第二個理由，即是欲探究如後來佛典上常提及的「生老病死」之疑問，後人對此做了許多象徵性、寓言性的描述。例如，佛經上有如此描述：「迦毗羅衛城的東南西北都設有城門，出東門，會遇到老態龍鍾的人；出南門，會遇到生病的患者；出西門，會遇到重病、命在旦夕之人；出北門，則會遇到出家人。」

如佛典所述，喬答摩看到人們因「生老病死」而痛苦的情形後，產生了「這痛苦的根本原因究竟從何而來」的疑問。

但若說釋迦到了二十九歲才初知這些事，也非事實，他出家的真正理由並非如此。

喬答摩乃迦毗羅衛國人，他所居住的王城有一種習俗，那就是每個月會請出家修行者來說法講學。這就如同現代日本皇室也有請人來講課的慣例一樣，當時的印度有著邀請出家者、有覺悟之人，進入王宮說法的習俗。

喬答摩時常與宮中的人一起聆聽這些為師者的講學，儘管宮中的人被這些出家者的話深深的打動，然而喬答摩僅聽聞他們的話後仍未感滿足，這些道理他們在現實生活中是如何去實踐的呢？到底何謂真正的覺悟呢？在喬答摩的心中有著一種強烈的哲學欲求之衝動。

這才是喬答摩出家的根本理由所在，即喬答摩對來到宮中說法的僧侶、修行者的話持有疑問，並想進行深入地探究。

第三個理由，即是有「想一個人獨處，深入審視己心」的強烈願望。

喬答摩極具瞑想的體質，他從十多歲起，便喜歡獨自沉思，但由於當時需要遵循印度王族的習俗，他不得不沿襲納妃儀式。第一妃子為耶輸陀羅，第二妃子為各帕，第三妃子摩奴陀羅，以及第四妃子——為侍女出身的側室美女密伽鐙。

當時安置眾多妃子的理由，一是為了確保王族的傳宗接代，二是將妃子安置在不同的宮殿，讓國王（或王子）的寢室不在同一地點，以免遭受敵人的夜襲，三是為了避免因為一位妃子的意見而左右國政，四是為了維持國王的威嚴。

喬答摩最初是與美貌的各帕結婚，隨後娶了名門出生、氣質高雅的耶輸陀羅，並封她為第一個妃子。後來，耶輸陀羅隨著獨子羅睺羅的步伐，出家成為了比丘尼。

喬答摩在每天與妃子們的交談中，越來越無法理解女性為何現實短視、語多乏味。事實上，他對妃子們之間的嫉妒猜疑、獨占欲望感到疲憊不堪。

在如此生活環境中，要想專注於瞑想和深入做哲學性的思維是非常困難的，因此，喬答摩逐漸產生了想要一個盡量不受干擾、獨處的心情。

此外，在自己的周圍不僅有妃子們，裡裡外外還有隨從、侍女們，一舉一動都有人跟前跟後、隨行陪伴，這更增強了喬答摩想要遠離俗眾、獨身自省的渴望。

而且，從當時印度的文化和風俗來看，如果自己已後繼有人，並為妻小準備了足夠的財富維生的人，則可以允許其出家，成為一個山林修行者。這相當於現代對出外留學，或從鄉下到大城市就學的想法一樣。

釋迦出家的動機，可以說主要有以上三個。

二、求師

喬答摩在二十九歲時，離開了迦毗羅衛城出家，開始到處尋訪求師。在流傳至今的許多佛典中，都記載著他曾以怎樣的人為師，進行了哪些修行。

最初的求師之旅並沒有讓喬答摩獲得人生真理，但對於他在精神上的成長，倒也不是沒有意義的。至少喬答摩在那時徹底明白了「何謂修行者」，以及「修行者到底為何修行」，並且得出了下面兩個結論。

當時，在印度盛行一種修行方法，叫做「超人信仰」，即修行者一心追求超越世間俗人的非凡力量。從某種意義上來講，許多人為了想要擁有逃避世間痛苦的力量，而渴望成為一名超人。

第二，若用現代的話語來說，便是向人們講述「幸福的原理」。許多為師者以「人怎樣才能獲得真正的幸福」為主題進行說法。

有些人主張：「透過徹底地折磨肉體，使之痛苦，即是獲得覺悟的快捷方式。越是使肉體與心分離開來，就越能夠接近覺悟的境界。」因此，有的人便在火上行走或在水中打坐等，其中還有的人會以倒立的方式修行，或以刀刃傷害身體，甚至在身體穿針等行為。

另外，還有的人專心在「停止思維」方面下功夫，他們認為：「所有煩惱的根源，乃因為心念不停地活動而造成，所以只要讓心念、思維停止下來，煩惱也就隨之消失，心也就會安寧，從而獲得至高無上的幸福。」可以說這是「無念無想」之想法的起始。

還有的人在不知什麼是「覺悟」的情況下，從事辯論術等職業，他們以如何駁倒對方的批判言論為中心做為學習，認為在辯論中取勝即是「覺悟」。

喬答摩隨著類似經歷的累積，強烈感覺到「這似乎不是一個正確的方向」。喬答摩認識到：「這類修行缺乏教義，究竟到達什麼境界才為悟？什麼是人生的目的？什麼是人的靈性本質？」無論怎麼樣去尋找，都沒有人能夠對這樣的問題做出明確的回答。

因此，喬答摩最終放棄了求師的想法。從出家到放棄求師，耗去了近乎一年的時間。此後，他以己心為師，開始在自己的內心探索通往佛境之道。他明白了只有發現法理，才是修行的目的。

三、苦行

喬答摩放棄了求師，一個人靜靜地進入了森林，他想憑自己的力量去獲得某種覺悟，他反覆地思索怎樣的修行方法，才最為適宜。

有時，他在毒蛇棲身的密林中苦思瞑想，有時則在黎明前到尼連河岸靜坐深思，也曾有過徹夜不眠，打坐入定至汗流浹背。他時而眺望樹梢，時而在洞窟中坐禪，時而凝視河面。如此，他靜靜地摸索覺悟的方法和道路。

在短短不到一年的時間裡，喬答摩曾拜訪過說法「無所有處定」的阿羅邏伽蘭（Alara Kalama）仙人，和說法「非想非非想處」（非想非非想定）的鬱陀迦（又稱優陀羅羅摩子、Uddaka Ramaputta）仙人。他由此感受到了禪定中「精神統一」的重要性。

儘管喬答摩在精神統一中，獲得了一個「心靈的平靜」之實際修行法，卻無法獲得具有邏輯性之宇宙真理。於是，他為了追求超越禪定的智慧，而離開了兩位師者。

此時，喬答摩為了脫離世間的煩惱，而把苦行做為修行的重要課題，生活在遠離人煙的地方，以努力滅絕世間性之欲望。

如此修行方式，最為困難之事莫過於食物的獲取。由於沒有食糧，一旦飢餓時，需要充飢的欲望反而會變得更加強烈起來。

此時他發現，人有幾種欲望，當一個欲望變大時，其它的欲望就會漸漸淡薄下來。他曾有過連日不食，當食欲高漲時，睡眠欲和性欲就變得淡薄的經歷。然而，無論如何修練，欲望本身還是無法滅盡。

自喬答摩進入森林以來，一直靠食用樹木的果實、樹葉等藉以維待生存，他的體力日趨衰弱下來，雙腳無力，只能持續端坐在洞窟當中。

四、反省

自此，喬答摩便在洞窟度過大半的時間，一天僅外出二、三個小時尋覓食糧。如此生活持續過了好幾年。

在此期間，喬答摩徹底地思考了如下問題：

「人為何要轉生於世間？為何要轉生到如此戰亂不斷的下界呢？

世人所稱的覺者之路，真的能通往幸福的彼岸嗎？雖然戰亂的世間如一場夢，人們陸續出家，但是出家又能夠怎麼樣呢？

這些出家人，大多數是否開悟了呢？他們在離開了人世間後，是否能逃脫痛苦，進入真正安詳的世界呢？有任何人能證實這一點嗎？是否是在尚未證實的事上著迷，這難道不是一種沉浸於幻想中的行為嗎？」

另外，他還思考了許多關於自身的問題。

「離開迦毗羅衛城已過了數年歲月，父親首圖馱那、姨母摩訶波闍波提，以及宮中的妃子們如今安否？妻子耶輸陀羅一定還在黯然神傷吧？獨子羅睺羅是否安然長大？

我一心追求覺悟，捨棄了俗世意義上做為人的義務，甚至了斷與家族的情感，這樣是否有獲得覺悟的可能呢？自我出家至今，自己距離覺悟的境地是否接近了一些呢？人性上有無提升？是否掌握了人生的目的和使命呢？」

到頭來，越是想要斷絕煩惱，執著反而變得越重。越是想要將許多人際關係忘卻，反而越加掛念。只落得骨瘦如柴的身軀，坐在洞窟中，聽著從上方滴滴答答的滴水聲，「難道這就是真正的修行姿態嗎？」喬答摩對這一切開始深入地反省。

在如此情況下，他反覆思量：「自己一個人究竟能以不退轉的意志堅持多久呢？是否快到了回迦毗羅衛城的日子呢？」如此，他的意識在不知不覺地開始模糊起來……這樣的日子就這麼一天天地過去了。

五、村姑

不久後，喬答摩從象頭山的洞窟走了出來。他走下山麓，來到了不遠處的尼連河。在他抵達了有娑羅樹林圍繞的舍那尼村時，心念一轉，開始了新的修行。

這個村子土地肥沃、林木青翠、微風徐徐、溪水清澈，是個修行的好地方。他在河中淨身時，因為身體極度消瘦，有時幾乎站不穩腳跟。

某日，忽然從河的對面傳來了村姑的歌聲，帶來了令人眷戀的人間真情，好似天上世界的美妙歌聲，非常動聽。

那是印度自古流傳下來的一首民謠，伴奏是像琵琶那樣的樂器，歌聲中唱道：

「琵琶之弦，過緊弦易斷，過鬆則走音。

琵琶之弦，唯有張力適中，琴聲才會美妙。

聞琴起舞，在蕩漾的琴聲中，愉悅的跳舞吧！」

此時，喬答摩將自己的身軀與村姑對照後感慨萬千。在因修行而憔悴不堪的喬答摩看來，這位村姑宛若天仙。那美麗動人的目光、亞麻色的秀髮，和充滿青春活力的身軀，全身散發著與村姑身分並不相稱的縷縷清香。

相比之下，喬答摩卻骨瘦如柴，眼窩凹陷，肋骨根根明顯，是一副在任何時候倒下去都不奇怪的軀體，活像一副「可能在三十五歲結束人生」的樣子。

這位村姑看見了喬答摩的身影，便過橋跑了過來，先道出自己名為修舍佉之後，便奉上一碗乳粥。

喬答摩喝了一口乳粥後，不知何故，一股熱淚湧上心頭，從兩頰滾滾落下。這碗乳粥，在當時絕不算是華美的食物，但對於只以樹木果實或草根為生的喬答摩來說，簡直如天上的美味佳餚。

這淚水，意味著他對捨棄了生命本身的喜悅，和一味追求苦行的自己，感到羞愧和空虛。如果修行是為了讓自己成為消瘦的肉體，是為了盡快結束人的世間生命的話，那麼其中到底包含著多少美德呢？其中的價值又何在呢？

這位村姑修舍佉並沒有獲得什麼覺悟，既沒有學過法，也沒有做過修行，為何卻如此閃耀著光輝？猶如天上來客一樣光彩奪目。

可以說，彼此之差異就在於求生者與求死者的不同。

喬答摩不知不覺熱淚濕潤了臉頰，他一面對「自己竟然還有眼淚」感到驚訝，同時也醒悟到「捨棄生命走向死亡邊緣的心，是多麼淒慘悲哀」。

與這位村姑的相會，給予喬答摩新的體悟轉機。此時，喬答摩的年齡是三十五歲多，還不足三十六歲。

六、生命的意欲

喬答摩自從遇到村姑修舍佉之後，強烈地感到必須把自己重建起來。他兩頰的熱淚，從某種意義上來說，意味著惜別了過去。

當乳粥流入胃中的時候，喬答摩體會到了一種難以表達的強大生命力，也感受到了美味。他由此認知到，對食物的否定，未必是到達真理之道。同時他還體悟到，食物在被人享用後，為人類行使高級活動而升華，對食物來說，這難道不是一種喜悅嗎？食物只有被人食用才不會被浪費。

追根究柢，人世間的萬物眾生，最終都是向更偉大的存在奉獻而存在。若把這些材料本身視為無價值的東西捨棄的話，難道不是以修行者之名，犯下了傲慢之罪嗎？雖然材料本身並無所作為，但有了材料後，才能做出飯菜，才能做出美味的佳餚，這些不正是佛神所願望的嗎？

喬答摩有了如此深刻的感受。流過臉頰的淚水，對食物進入體內而湧上的感激，以及對修舍佉閃爍著光輝的生命力，都成了激發他產生重新振作、立志新生之想法的力量。

那時，喬答摩還有一個體悟，即對修舍佉歌聲中的「琵琶之弦，唯有張力適中，琴聲才會美妙」這句歌詞回味無窮。

「當琴弦張力適中時，音色才會美妙，琴弦若太緊的話，彈起來弦易斷。反之，琴弦過鬆音色則疲軟，甚至無聲。如今的自己，就好像是一根強繃著的琴弦，輕輕地碰觸也會斷弦。在這種狀態下無法發出優美的音色。

儘管自己擺出了一副求悟、修行的樣子，可在實際上，不是連一個自然瀟灑的少女都不如嗎？

假使要問，對於修舍佉和我，天國之門會向誰打開呢？對兩者的選擇，天國之門無疑會向修舍佉敞開，而我則是一副像地獄鬼般的容貌，以這種可憐的狼狽相，恐怕打不開天國之門。

即使只剩下幾年的時間也好，只要我還有一線生命的氣息，就一定要重新養好身體，不能消極，應該要從事物中發現積極的意義。」

當對生命追求的意欲湧上之際，也許就是邁向悟道的第一步。「在極端的修行中不能獲得覺悟，如此下去的話，只有死亡在等待著自己。若是為了死而生，今世的生命不就失去了意義了？」喬答摩無法否認這種思想。

喬答摩合掌施禮，向修舍佉道別。

他眺望著眼前的風景，發現四處皆是生機勃勃，因而深深感覺到，花草樹木等一切皆生意盎然，只有自己一人徒稱「修行、修行」，無視各種生命的存在。

「假如路邊的一朵花，只是一心希望枯萎、凋零，只想從這個世界消失的話，那這個世界會變成怎樣呢？

假如動物也都厭倦生活在這個世界上，都想儘早死去的話，又會有怎樣的結果呢？如果牛和馬一心只想消瘦下去，不吃飼料又將怎樣？若不繁衍後代又會有什麼結果呢？」

種種思緒在他的心頭掠過。

七、心之和諧

於是，喬答摩決定接受「佈施」，此後，他決定每天用一定的時間外出托缽。他居住的地區是娑羅樹林地（有樹蔭遮涼的一片小林地），一天中分早上、傍晚兩次外出托缽，四處走訪，接受他人誠心的佈施。

當喬答摩決定接受佈施時，便感受到在心中產生出了和諧的境界。

至今，無論對待什麼事物，都是懷著「自己、自己」的心念，總想自己一個人去解決問題，不接受別人的救援。

但當意識到了自己的心，就如同緊繃著的琴弦時，突然茅塞頓開。

「張力適中方為正途。自己沒有生活能力，就不該虛張聲勢、逞強好面子，就不該以『沒有食慾』做為藉口自欺欺人，應以修行者的身分接受人們的佈施。」

當時的印度社會普遍認為，向出家人佈施，等同於在天國存積寶藏，所以對有深厚信仰心的印度人來說，佈施是習以為常之事，也是在家信眾積蓄功德之修行。在如此背景下，喬答摩毅然決然地決定接受佈施，善用剩餘的時間，專心努力追求覺悟。

一旦放棄獨善其身的固執想法後，喬答摩感覺到自己的臉上出現了一種從容的表情，臉上恢復了笑容，肋骨清晰可見的消瘦身軀也開始增加了血肉，逐漸恢復了活力。

於是，喬答摩認識到，從前的自己是多麼的脆弱和消極，竟然成了負面思想的俘虜。人應該從容不迫的生活，向天下眾生萬物學習。

此時，喬答摩產生了如下想法：

「願自己能夠成為一個關懷眾生，向眾人講述參考意見的人，此外對於自己也能做出正確的判斷。

並且，希望能認識世間和人生的意義，實際感受眾人所追求的覺悟是什麼，體會何謂佛陀的境界。」

不久，喬答摩走上了旅程。「訣別舊生活，開闢新道路」，他好似聽到了這從內心傳來的聲音。

「依靠佈施，就不再需要食用樹木的果實或草根，到哪裡都無需為食物發愁了。此時更可以無所顧忌地觀照世界，體察人心，提升悟境。」

他懷著如此的心情走上了旅程。幾日過後，喬答摩進入了伽耶城。

八、與己心之魔之戰

伽耶城是一座人口僅有幾千人的小城鎮。城鎮的中心有商業街道，來往的行人熙熙攘攘，好不熱鬧。但在當時有幾千人口的地方，就算是規模不小的城鎮了。

喬答摩在這個城鎮托缽接受佈施，而他將傍晚至黎明的這一段時間，做為自己提升悟境的時間。

每當夕陽西下時分，他便在離河邊不遠的一棵菩提樹（亦稱畢缽羅樹）下禪定，當做自己每日的必修課題。這棵畢缽羅樹的樹幹之粗，需要幾個人合抱，在樹下可遮擋露水和雨水。

喬答摩那時主要進行了「反省瞑想」。如果只是單純閉上眼睛，集中意識的話，在許多情況下會有惡靈、邪靈等從各方面來干擾。為了使自己的心保持和諧，首先需要回顧自己過去的所思所為，從幼兒時期起一件件地檢視，如果與良心對照後發現有錯誤的地方，就應該誠實地反省。

當喬答摩如此回顧反省到了二十五歲之時，無論如何克制，內心皆會湧上一些未能解決的隔閡，那就是關於妻子耶輸陀羅和兒子羅睺羅之事。

兩位親人的面容浮現在腦海：「羅睺羅也許已經長大了。耶輸陀羅的近況怎樣？她在思念我時，是否愁腸寸斷？」喬答摩一想到此，心便開始動搖。

那時，喬答摩的心對靈界已打開了少許，能夠聽到來自靈界各種靈人的聲音。某日，當他如常在畢鉢羅樹下進行禪定的時候，忽從心中傳來了一個聲音：

「喬答摩啊！我是梵天，你要好好聽我梵天的話。你為求悟，修行已達六年之久，但經過這六年的修行又變得怎樣呢？到頭來，不是只能得到自己是一個凡人的證明嗎？

你忘記了做人的根本；人的根本，便是指結婚後組成家庭，養兒育女，過幸福的生活。而你卻放棄了這樣的幸福生活，丟下了妻小。在菩提樹下坐禪，如此人生有何意義呢？你完全錯了，快回迦毗羅衛城吧！讓妻小為親人的歸來歡喜吧！你自然能夠從中獲得大悟。人若不以世間的快樂為快樂，來世也將失去快樂。應在今世盡情地享受，世間的快樂程度越大，來世的快樂也就越大。

你還沒有充分地享受這份喜樂，應從家庭生活中享受更多的快樂。在優雅的時光中度過人生吧！這才是你於今世修行的意義。」

自稱梵天之人，向他傳達了以上的訊息。

這些話語中，當然含有一些道理和具說服力之處，同時也說中了喬答摩的最大弱點。喬答摩深深地愧疚於自己丟棄了妻小，並對從小養育自己的父王和姨母等感到眷戀。自己是個不孝之子，對妻子來說，自己不是一個好丈夫，對兒子來說，自己也不是一個好父親。可是，無論如何反省這些事情，都難以了斷這些連綿的思緒。

他的心開始動搖，自己該回迦毗羅衛城繼承父業的想法，總在他的腦海中來去往返。

可是，喬答摩對這自稱梵天的最後一句話，感到有違道理之處。他從「世間的快樂程度越大，來世的快樂也就越大」這句話中，察覺到「話意中有微妙的顛倒」！

喬答摩察覺到這句話不對勁，並識破了一切，「這難道不是潛藏於己心對世間的執著，所翻弄出來的污濁嗎？這個自稱梵天之人，實際上不就是魔嗎？」

「你就是魔！你雖自稱梵天，但你不是梵天。你是迷惑修行者的惡魔吧！波旬啊！我已識破了你的真面目！」

聽喬答摩說完後，自稱梵天之人便放聲大笑，毫不隱諱地說：「喬答摩啊！可真被你識破了，看來你修行頗有進展。好吧！你就盡情地修行，虛度此生吧！」

喬答摩在此時深感這是「己心之魔」在作怪。

他體悟到「這並非是魔來迷惑自己，而是自身的弱點、執著招引了魔的到來。若不斷棄這種執著心，就無法獲得真正安然、平靜的心。譬如，即使是對妻小、父母的關心，若思緒總停留在這一點，而變成一種執著時，它就會形成一種痛苦擴散開來。魔就是在尋找這種縫隙乘虛而入。」

於是，「斷執著」便成為了修行的第一步。這與「斷食欲」和「粗茶淡飯」不同，這成為喬答摩深入地思考「於心的世界斷執著」之契機。

九、偉大的覺悟

經過與惡魔波旬之戰，喬答摩意識到了「似乎是自己的欲望之心在招引著魔」。他還體會到，在心靈深處、在深層心理世界中，不僅有守護靈和指導靈等偉大的存在，也會有魔出來作怪。魔會把人心中的黑暗想念做為築巢的目標，棲身而來。魔以那種黑暗意念為食物，一有機會便乘虛而入，試圖一手任意控制人心，滿足其強烈的征服欲望。

喬答摩如此一步一步地深入瞑想，逐步提高了反省的精確度。

「無論是怎樣的思緒，若這個思緒停留在一點上時，心就會集中在這一點上，有如碰上了黏著劑一樣難以脫離，進而形成了痛苦的原因。

因此，願心無所拘泥，常處於自由自在的境地，這樣的心有如春天裡的小溪潺潺流淌，祈求能達到這種無執著的境界。

無論是善念還是惡念，若在這種想念上過於集中，心就會失去自由，就會失去像幼兒那樣的自由之心。最終，在拘泥性意念停滯之處，最容易受到魔的攻擊。

要捨棄執著，放棄那種非做不可的好強心，進入一種更舒展、更開放、富饒和安然的境界。」

就這樣，喬答摩終獲大悟。

喬答摩回顧過去近三十六年的歲月，對人生進行了完整的反省。他不僅徹底反省，還捨棄了至今在心中的牽掛。當他達到了一種無執著、無拘泥的境地時，感到了一種偉大的安詳感在心中浮現。

這與前幾天惡魔波旬出現時的情形大相徑庭。喬答摩感覺到，自天上界有一道溫暖的光射入心懷，此時，傳來了梵天的聲音：

「喬答摩啊！你終於覺悟了！我們對你等待已久！我們在這漫長的日子裡一直守護著你，並為你的大悟感到高興！但這只是你覺悟的第一步，如果沒有到達更高的悟境，你將無法完成今世的使命。

當你身處於王宮享受世間歡愉時，我們憂心忡忡。自你出家後，也曾擔心你在極端苦行中營養失調而死，擔心你因厭世自殘。但你現在達到了能夠聽見我們的聲音之境界了，對此我們感到莫大的欣喜！」

傳達此聲音的正是釋尊的過去世、自身的靈魂意識分身——利安托．阿爾．克萊德（Rient Arl Croud）和海爾梅斯（Hermes）等。這些高級靈以梵天之名，以印度式的形態顯現出來。

此後，喬答摩能夠以透視三世之慧眼，洞察宇宙的起源，地球的誕生、歷史和文明的興衰，以及觀視了自身於其中，幾次、幾十次轉生的人生，並預見了人類的未來。喬答摩在內心平穩、無執著之時，體會到了將自己的肉體置於畢缽羅樹下，靈體化為大宇宙的經歷。

這就是打開了心的王國之門之人所具有的特徵，也是開啟靈性的實際遨遊，掌握到了自由自在的靈魂存在之證明。

關於當時的詳細情景，我再擇日描述。

洞悉「肉體與靈魂不同」的實相，成為喬答摩獲得大悟的第一步。

十、偉大的第一步

喬答摩在菩提樹下獲得了最初的覺悟，覺者一旦品味到了這般最高境界的滋味，便會想要永保這種狀態，然而通常都須返回到平凡的生活中，喬答摩也是如此。

因此，在菩提樹下獲得大悟，成為佛陀的喬答摩認為，必須要盡快將這個覺悟傳達給更多的人。如果不加以廣傳，只是將它埋藏於自己心底的話，那麼自己今世的人生將失去意義。於是，他決定向人們傳達那覺悟。

此後，他在托缽時，不管遇到誰，都會向對方說：「我開悟了。我已成為覺者。我有如此這般的體驗等。」可是沒有人理睬。

人們反而對他言道：「修行者啊！你的頭腦是不是出了毛病，太自命不凡了。你是在誰的指導下修行的？竟然如此高傲自大！獨自學習是不可能獲得覺悟的。」

但佛陀無論如何也想要向人們傳達那份感動，他回想起：「以前拜在優陀羅羅摩子門下時，從宮中一直跟隨在旁的五個同修者，曾驚訝自己迅速有了覺悟，並達到了與師父旗鼓相當的境界，後來卻因我放棄苦行離我而去。首先向這五個修行者傳達我獲得的覺悟，才是出發點。」於是，他走上了尋找他們的旅程，邁出了傳道最初的一步。

可以說，傳道的第一步就起始於「想傳達的心念」。傳道是將自己的親身領悟傳達給他人的行為，也是傳達給同樣在追求悟境的人的行為；在傳道過程中蘊藏著前往下一個悟境的階梯。

當想到「這是傳道的開始，後世定會將此稱為初轉法輪」時，佛陀心中澎湃，熱血沸騰。「傳道之心」與「探究更高悟境之心」交集在一起，讓佛陀迫不及待，一天也等不下去了。

第二章

八正道的發現

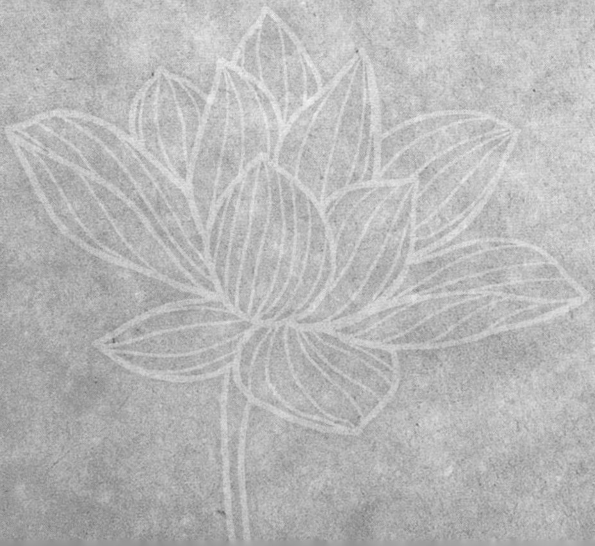

一、何謂八正道

在釋迦思想中，最有名的即是「八正道」，本章將就其內容加以說明。但本章的記述僅針對一般初學者，有關專門的佛教教義解釋，請參閱拙著《佛陀的證明》（幸福科學出版發行）。

雖說佛陀在菩提樹下獲得大悟時，便已萌生八正道思想之雛形，但具體的方法論尚未確立，直到足以向人們傳佈，大致花了約一年的時間。

在菩提樹下禪定開悟一年後，佛陀一邊與身邊的弟子和遇見的人交談，一邊逐步深入了覺悟的境地。

他感覺到，為了將如此覺悟向人們述說，必須要有著某種方法論。當時有所謂的「六師外道」，講述各種各樣的法，佛陀強烈地認為：「自己必須能夠講述出，與這些人的教義完全不同的內容。」

經過反覆思索，他歸結佛法的教義最根本的要點於正心之上。如何正心？如何調心？追根究柢，必須使自己的心清澈，使之接近佛的境界。釋迦稱這個「接近佛之境界的心」為「佛性」、「真我」。

生活在人群之中，會受到種種思想往來之影響。在這樣的環境中，很難掌握到「什麼是自己的本心？什麼是自己的本分？存在於心靈深處的是什麼？」

但不管是任何人，只要避開了人們的視線，在沒有外界波動干擾的地方，靜靜地面對己心的時候，都能夠到達一種「無掩飾、無虛偽、真實的心」之境界。

即使人有時會出於虛榮心、自卑感，盡力在人前自我掩飾，但是，當一個人靜坐下來時，一定能夠掌握得到銘刻於心靈深處的至寶。這才是真實的心，也可以說這是佛心、白紙之心，或者說是意識中純潔、不虛偽的部分。

以真實的心去回顧自己的想法與行為，便是八正道之出發點。

對於如何回顧想法與行為的方法，佛陀提出了八個檢視要點。這就是著名的八種德目，即「正見」、「正思」、「正語」、「正業」、「正命」、「正精進」、「正念」和「正定」。

在「見解」、「思緒」、「話語」、「行為」、「生活」、「精進」、「意念」、「入定」這八個心的方向性以及肉體行為上，加諸了「正確」之意。在此，這個「正確」並非單純地指對與錯的問題，而是指在進行深入觀察之意義上的正確。根據這八個項目靜靜地自我檢視，便是反省的主要方法。

釋迦幾乎多是在傍晚或黎明時分進行反省；他在八個德目上各進行了大約二十分鐘左右的反省。他透過了這樣的反省，讓自己的心變得清澈，並逐步得到淨化。

以上即是八正道的大致輪廓。

二、反省法的奧祕

在各位大致理解了八正道之輪廓後，接下來，進一步對「實踐反省法之實踐目的，以及為何需要反省」進行說明。

「反省」是發現並找回原本「閃耀的自己」之行為。「閃耀的自己」是指位於實相世界之中的自己。

離開地上世界的靈魂世界，是由四次元、五次元、六次元、七次元、八次元和九次元各種不同的次元世界所構成的。而在實相世界中，人的靈魂能夠光輝閃耀，主要是七次元以上的世界。佛陀所講述的反省，最終是為了讓人掌握達到七次元菩薩界之境地的方法和理論。

通往菩薩境界的第一步，即要擦拭附著於內心的塵埃、污垢，使自己的心發出光輝來。在自我完成的世界中，繼而努力實踐「愛他行」、「利他行」，此稱之為「菩薩行」。

譬如，在擦拭餐具時，如果擦拭用的毛巾很髒的話，餐具是怎麼擦也擦不乾淨的，所以，首先必須把毛巾洗淨。同樣的，如果不先把掃帚清乾淨，房間也是無法打掃乾淨的。

即使外表打扮得如何漂亮，若裡面穿的是好幾天都沒洗過的內衣的話，也無法給人有好印象。再譬如說，一個沒有充實內涵的教師，儘管他如何拚命去教育學生，他的學生是不會有進步的。

其重點在於，人可以很簡單地發出「愛他的心念」，但如果要使這個心念具體付諸於行動上，首先必須充分地打造好自己才行。必須要洗滌己心，使心變得閃耀光輝才行，這是反省法的奧祕所在。

人在「自己抱持何種心態」上，被賜予了完全的自治權。若想要確實地讓他人的心也閃耀光芒，自己首先必須洗滌己心，使之發出光芒。唯有透過這樣的體驗，才有可能去教導他人「何謂反省」。

若從狹義上去理解，似乎有利己主義的論調，但學習「法」之出發點就在於此。

如果沒有管理、駕馭自己的心，不想讓自己成為更優秀的人的話，也就可以說此人與「法」無緣。對於這種人來說，「法」是毫無意義的，講起來也只是「對牛彈琴」；希望各位確實地把握住這個出發點。

三、正見

接下來，讓我們來深入思索八正道最初的項目——「正見」，即「正確的觀察」、「正確的見解」。這是指排除了先入為主的觀念，站在事物的根本點上，用智慧之眼明察秋毫。

總的來看，人的煩惱似乎主要是由「觀看」的行為開始產生。如果是盲人的話，此人犯罪的機會也就相對地減少了。「欲望」大多也由視覺而來，當看到了異性的姿形美貌，看到了他人的金銀財寶、豪宅等，欲望便會漸漸冒出頭來。

因此，如何判斷映入眼簾的訊息就很重要了。人的感情波動，多是起因於眼睛所看到的訊息。

為此，人在一天結束的時候，有必要調整呼吸，深入地靜觀自己的內心。當你達到了能夠感受到「自己與佛成為一體」、「偉大的神聖能量由光的管道注入心中」的階段時，就可以嘗試把度過了一整天的自己，完全當做是他人，從第三者的立場來觀察，對這個「他人」是如何看待事物等，從批判性的角度進行檢討。

這個「看」，最終是指「對自己看到的事物如何認知評斷」。

當某人做出了某種行為時，周圍的人對其看法各不相同。譬如，某個年輕的公司職員，在公司裡提出了一個新方案。於是，對這個舉動的認定便會因人而異。

此人的上司如果用肯定的態度看這件事，就會認為這個年輕人很有幹勁，有進取心，有發展前途。

如果是持否定的態度去看待此事，或許會產生如此想法：「他才進公司沒幾天，就敢誇下海口，真不自量力。先做好日常事務性工作後，才有資格談計畫、理想。他還需要學習什麼是謙虛，應該讓他自己知道自己太自不量力了。」

兩種看法，觀點分歧。

在此，必須設想一下，這兩種看法哪一種比較接近真實的一面呢？如果前者是對的，那麼自己為何會持與後者相同的觀點？為什麼對這位年輕職員的做法感到不愉快呢？有必要如此探求其根本原因何在。

或許經過一番思考之後會發現到，自己在年輕的時候對他人的批判很反感，或者對自己沒有勇氣積極地向公司進言感到很窩囊。如果發現了諸如此類的根本原因之後，就需要去整理這個部分。

「正見」必須包括上述的作業程序。

當然，若從佛教的教義來說，「正見」還可以透過「苦」、「集」、「滅」、「道」之四諦的順序進行觀察。此外，還可以根據「緣起的理法」則，在把握事物之連鎖「因果」關係後，做出深入的解釋。

四、正思

接下來探討「正思」。

「正思」是指「能否以佛法真理為判斷基準進行思考」的自我分析。簡單來說，就是站在佛的立場上，冷靜地分析自己到底在想些什麼；能夠做到這一步的人並不多。實際上，若能完成「正思」反省，即意味著自己已完成七、八成的反省了。

所謂「思」、「思維」，就是指日常生活中來去於心中的思緒，其線性波動如同一個沒有方向、漫無邊際的波浪，起伏不定。

此人究竟是怎樣的一個人，視其心中來去的思緒就能大致定論。因此，人除了使其心思變得純潔，且具有深度以外，而別無其他能夠成為偉人之路了。

從一個人的行為舉止來看待此人，在某種程度上還可以判斷其行跡，但對於這個人的「心思」，別人就難以讀解了。在思考的內容上，人與人千差萬別、南轅北轍。

假如人心有一扇門，可以用鑰匙打開，讓心中的思緒像電視一樣被放映出來的話，那麼一個人的人品究竟如何，就會被看穿了。

若一個人的心中充滿了凌亂不堪的思緒時，就不得不說此人的人生很淒慘；相反，若心中充滿了美好的心思，就可以說此人的人生賦有美麗的色彩。

並且，「提高思維的內容」，其實與地上的淨化是有著關連的。讓世人的心思變得更加美好，最終可以說是美化世間、消除地獄的方法。

因此，「深入觀察自己的思維之真實面目」，便是「正思」的出發點。各位必須時常檢視自己在心中描繪的事物為何，如果有了惡性的想法，就應當立即修正，要建立起一種隨時修正混濁念頭的自覺。

在一天結束時，需要回顧自己一天中的思緒，譬如，在想要說別人的是非時，雖然能夠控制讓自己不說出口，做到了「正語」，但如果自己內心的怨憎如浪濤一般的話，這就是一個明顯的錯誤，需要及時地糾正。

如果能將掌握自己的心思視為一種義務，成了一種習慣的話，便能漸漸地達到正思的深層境界。

此外，對於修行抱持正確的志向，或者基於佛法真理，對於每日發生的事物累積正確的判斷，這些亦是傳統上對於正思的解釋。

五、正語

接下來講述何謂「正語」，即「正確的言語」。

在上一節「正見」中，講述了錯誤的見解在心中會形成毒素。人在很多情況下，更會因為一些負面言語而接收消極的影響後，進而擴散這毒素。或許也可以說，人的苦惱多半是來自他人的話語。

有時，他人的言論會給自己帶來不快，自己的言論也有可能給他人帶來不幸。話語對於人的幸福與否，有著非常緊密的關係。在某種意義上，如果人們都能夠做到「話語協調」的話，地上世間就有可能變成理想的社會。

在靈天上界，越是接近高級靈界，就越能夠端正言語。在高級靈界中，沒有人會對他人惡言中傷，儘管有時不可避免地需要說出批判、導正他人的話語，但多是為了善導他人。在高級靈界中，沒有人會從心底說憎惡他人的話。

「話語」是評價人性很大的基準和參考。因此，自己在日常生活中的言詞，便是在「正語」反省項目中，很容易理解和把握的檢查要點了。

在進行「正語」的反省時，要具體地思考「在今天一天之中，自己說出了什麼樣的話語」。講話時都會有他人的存在，所以還必須試著思考「什麼樣的人出現在自己面前？自己對這個人說了些什麼？」

當一個人的心情低落、健康狀態不佳，或處於煩惱的狀態時，很容易對他人說一些否定性的話語。所謂「否定性的話語」，即是會造成對方不悅的言語，是使對方受到心傷、陷入不安，使別人感到前途黯淡的言語。

「否定性的言語」一旦說出口，即等同於「讓不幸再度擴大」。當自己被黯淡的情緒籠罩時，此時都還只是陷在自我風暴內，可是一旦用話語發洩出來的話，這個病菌就會傳染給他人。如果別人在一大早就被你的話語給攻擊，那麼此人一整天可能都不會愉快，同時，這種不愉快的心情還會傳染給周圍更多的人。

所以，端正言語是非常重要的修行。說善言、講正語，講話的內容應該要符合佛心。在這種端正言語的修行過程中，其實也在端正我們的思維。

換言之，應常說「真話」，避免講「惡口」（說別人的壞話）、「妄語」（說謊言）、「綺語」（虛偽的奉承話）、「兩舌」（破壞人際關係的話語）。

六、正業

對於正確的行為，佛教將「不可殺生」、「不可偷盜」和「不可姦婬」視為基本，然而做為現代的解釋，「正業」也應涉及從事正確的工作。

處於日趨擴大的商業社會中的現代人，對於正確的工作之認識尤為重要。此時，需要先探討「應該如何看待以利益掛帥的社會」此問題。無論是民營企業，還是政府機關，都需要維持收支上的平衡，否則就難以經營下去。政府機關需要有稅收，才能提供行政服務。換言之，能夠換取利益的行動目的，才能符合現代企業的核心價值。

人在這樣的社會中應該如何謀生呢？應該從事怎麼樣的工作呢？應該建立那些正確的態度呢？

若從傳統佛教的觀點來看，在競爭激烈的商業社會中，不但難以靜心瞑想，也難以實踐「八正道」。即便如此，也不能輕易地對汲汲營營的世間社會一概否定。雖然忙碌的社會不太適合入定瞑想，但從某種意義上來講，現今社會具有磨練靈魂和促進靈魂進化的一面。

因此，所謂「正當的工作」意義上的「正業」，其最為重要的觀點，可歸納為以下兩點。第一點，自己的工作目的不可以違背自己的良心、純粹之心。每個人在轉生到世間之前，已在某種程度上對自己未來人生訂定了計畫。也就是說，在確定這個計畫之時，已經對自己「希望的人生方式」做出選擇。

這個計畫是否與現在的工作相一致，是有必要予以確認的。如果完全不一致，只是為了餬口過日子，只是為了獲得經濟收入而做，那麼長期從事這項工作，就會產生精神上的痛苦。所以，從事適合自己的工作是很重要的。

在具有組織性的社會中，有一個「適才適所」的觀點，即在工作職責的分擔上，不一定一切必須採取單純的平等主義。雖然在機會上需要平等，但在實際工作職責上則無須平等，這就是所謂的適才適所；這是發揮人的才能和組織潛力的方法。

因此，所謂「正當的工作」，首先需要是能夠真正地發揮自己實力的工作，以及至少不是違背自己良知的工作。

其次，在遂行工作的過程中，能夠做到與他人保持和諧，並不斷地擴大這個幸福的範圍；我認為這個觀點勝過一切。

當然，在具體工作中，企業與企業之間會產生利益衝突，但如果這種企業的競爭，最終能夠帶來社會整體利益的話，那麼如此競爭是應予以肯定的。

眾多的廠商競相開發新產品，銷售低價格的產品，若從大方向來看，這有利於社會的整體性發展。從這層意義來講，企業之間生死存亡的激烈競爭，未必屬於惡。

因為，若只有一家公司壟斷著某種商品的話，有時則會出現妨礙社會福利的現象。因此，從佛法真理的角度來看，在良性方向上的競爭是可以認同的。

但如果是會造成人際關係的惡化，或是對公眾有害的工作的話，則必須予以否定。正當的工作應是一種能盡可能地為多數人創造幸福的工作，並且在工作的方式上，也必須能夠兼顧到能與他人維持和諧的人際關係。

以上即是現代社會中有關「正業」的重要觀點。

七、正命

「正命」即是「正確的使用生命」，是否「正確的生活」。

每個人一天中都有二十四小時，一年有三百六十五天，並且，最終將離開人世，大多數人都難以活到百歲。

人在一天的範圍內，需要有幾個小時的睡眠和吃飯時間等，剩下的是工作以及自己的休閒時間等。

任何人被賜予的一日，時間長短都相同，這是無法抗拒的事實。它與此人天生的才能無關，每個人都有二十四小時。如何使用這二十四小時，便決定了此人的人生；我認為再沒有比這個更公平的了。

一天二十四小時，日復一日，有些人能成為一國的元首，成為著名學者、思想家，而有些人則是飽食終日、遊手好閒。若從因果論的觀點去尋找其差別的話，就可歸結於「是否善用時間」之上。

因此，若用現代的話語來解釋「正命」，即是「自己過著怎樣的生活？如何使用每天的二十四小時？累積每天二十四小時的每月每年，自己是怎麼度過這些時光的？」

在此，我必須鄭重地指摘出一個事實。若是各位認識到時間很寶貴，就應該將一天做為一生去使用，認真思考在這個時間內應該做些什麼。

儘管很多人會樂觀地認為，「今天會像昨天一樣平凡地過去，明天還會像今天一樣到來」，然而明天是否還能活著，是無法保證的。假設在今天的午夜十二點，自己此世的人生將會結束的話，那麼，你會怎麼做呢？你會怎麼活呢？我想多數人都會心想「這可糟糕了」！

總而言之，「正命」之觀點，即隨時假設自己的肉體生命終將在今日結束時，好好回顧自己是否虛度了一生的歲月。抱持如此觀點回顧，應該即會出現應該加以反省之事。你會發現到處有成長的契機，但自己卻放棄了那些機會。

關鍵就在此，「以一日為一生，假使今天死去的話，自己對於今天一天會不會感到後悔呢？」從這樣的觀點出發，去檢視一天中發生的事和自己的言行。時刻反省，持之以恆，你才能體會到什麼是「正確的生活」。

此外，在傳統的佛教解釋上，以違法行為（犯罪行為）謀生，以及從事明確違背了佛法真理的職業（邪教、唯物論的思想家），都是違背了「正命」。

八、正精進

以下將探討「正確地走在求道之路上」的內容。「道」在此是指佛道之道，佛法真理之道。

人很容易漫無目的、得過且過地消磨時光，但其實，人生是有明確的目的地的；這個目的地，即是穿越死亡關口後到達的天上界。

人的靈魂能回到天上界，即是與偉大的佛所立下的靈魂進化計畫有關，「正精進」的意義在此便得以明確。要思考「正精進」，就必須想一想世間三次元世界的存在目的是什麼。

這個三次元世界是靈魂學習、修行的場所，是受教育的地方，同時也是偉大的光的藝術舞台。換言之，即是佛之榮光、佛之繁榮再現之場所。這是重要的觀點，探討「正精進」這關鍵就在於此。

我將「正精進」的觀點歸納為以下兩點。

第一，如果能夠認識到世間是靈魂的學習場所，就必須去思索：「自己的生活方式是否依循著靈魂學習的主題？是否持續地做著這種努力？」

若將「正命」視為一天天循環性的短期決戰的話，就可以將「正精進」視為以年單位的中期規劃了。「在一年、三年、五年或十年內，應該塑造怎樣的自己呢？為此，應該做好怎樣的準備呢？」正精進的觀點與此有關。

從靈魂學習的觀點來看待現在自己的人生態度，此為第一個觀點。

第二個檢討點，即是確認靈性的進化和靈格的提升，這是「正精進」的目的。若自己的人生態度不能使靈格向上提升，就不能說是「正精進」了。

所謂靈格提升，即意味著覺悟的境界有了提高。對於覺悟的境界所指的是什麼，以及如何提高覺悟，我想從下面的三點來解答。

第一點，是否能夠觀察到自己的真實之姿。這是指能否以公平無私、客觀的第三者的角度，或是說以佛的角度，清楚地觀察到自己的真實之姿，這就是覺悟的境界有無提高的檢查要點之一。

第二點，在人際關係的互動上，不應有事不關己的態度，而應該保持與他人的和諧關係。把他人視為同胞、夥伴，以「同為建設烏托邦的光明戰士」的角度去看待其他人。

第三點，深入地理解人生和世界的存在意義，即能夠清楚地道破自己生存的環境具有什麼意義。

當你能夠做到以上三點時，便可以說自己的靈格有所提升了，「正精進」的目的亦在於此。

九、正念

八正道的第七項基準為「正念」。

若是將「祈禱」亦放入佛教當中的話，就和這個「正念」及下一個「正定」有關。對於祈禱，佛教是分解為「正念」和「正定」這兩個要素。

所謂祈禱，是指發出具有目的性的精神波動，它需要保持和諧的心。可以說是一種「入定發出念力」的行為。

因此，「反省」和「祈禱」不能夠完全分開，在反省當中包含著祈禱。並且，即便在理論上難以理解，亦可以將祈禱視為反省的一種發展形態。總之，希望各位能夠認識到，在八正道的內容當中，具有相當於祈禱的部分。

那麼「正確的意念」意味著什麼呢？「正思」是調整自己思緒的方法，是對一天中往來的思緒做整體性的歸納，而「正念」則偏重於對自己未來的人生計畫、將來的自己做出完善的計畫，或是做出對自己將來的展望。

換言之，「正念」即在檢視自己有無設定正確的目標，以及有無正確地描繪出理想的自己。這在某種意義上即是在問：「你的人生計畫、自我實現計畫是什麼？你的心中總是出現何種意念？」

對於生活平凡的人來說，祈禱家人平安、健康，即是一種「正念」。但對於具有更高的精神境界的人來說，人生是一個連續性的目標設定和規劃，因此「建立實踐目標和堅定意念」即顯得格外重要了。

這即是說，反省項目之一的「正念」，就是好好掌握具有目的性的意念。

假如某人有著「想陷害人」、「不讓某間公司發展、壯大」、「要阻礙他人晉升」等想法，那麼這些想法就做為錯誤的「意念」被記錄下來。因此，「意念」應該朝著希望一切事物都能夠變得美好的方向上前進。

「念」、「意念」可以透過精神統一來增強，因此，如何控制「心」、掌握「意念」就變得至關重要了。但是，對於從未思考過心念為何的人，或是對於不知道心的力量的神祕之人來說，距離「正念」的反省還十分遙遠。

從這層意義上來說，「正念」是一個高度發展的反省方法。

十、正定

最後我對「正定」，也就是「正確的入定」進行簡單的說明。

簡而言之，這與宗教之根本有關，即「如何進行精神統一？如何感受異次元諸高級靈，以及位於更深之處的佛心？如何使自己的心與佛心相通」。

如果沒有通過「正定」之關卡，就不能說真正獲得了「精神性的覺悟」，也不能說「實際感受到了世界之實相」。

人難以知道自己的「過去世」或「未來世」。但是，透過了正確的入定，便可感應到諸高級靈之存在。當發覺了己心具有偉大的力量之時，即能說此時獲得了一種非凡的體驗了。

從結論上來講，「正定」的最終目的是為了獲得真實的智慧，並藉由智慧的力量，從世間的束縛中解脫。

「正定」的另一個目的，是深入地挖掘自己的內心世界。透過如此反省，可以達到與內在的守護靈、指導靈進行深層意識交流的境地。

所謂「知識」，若無靈性的根據和佛法真理之根基，就絕非真正的知識。因此，即便是知識淵博的人，若沒有「正定」的體驗，同樣無法成就圓滿人格，也不可能成為靈性上的偉大人物。

雖然有些偉人未必熱衷於宗教，但他們必定經常靜觀己心。有的人是透過在散步中的思索等各種形式，進入了「正定」，與遍布於宇宙能量進行交流。深入地挖掘自己的內心世界，讓可能性無限擴大。雖然世人的知性力量有其極限，但當進入「正定」階段之後，這個極限便能夠突破，將自己與全宇宙之睿智相融。

因此，根據「正定」進行反省，即能否確認到「宇宙的自己、宇宙中之一員、佛創造的世界之一部分的自己」。當到達了「正定」之階段時，才意味著修行之完成。

「正見」、「正思」、「正語」、「正業」、「正命」、「正精進」、「正念」和「正定」的八正道全都完成之時，就至少可以到達了阿羅漢的境界。隨後，才有可能向上一階段的菩薩境界進化。

希望各位理解，以上八正道的修行方法體現了希望與進化之原理。

第三章

六波羅蜜多的思想

一、內在睿智

我認為，釋迦的思想最明顯的特徵是「內在睿智向外湧現」之想法。

因此，原始釋迦佛教並不像許多現代宗教那樣，有祈禱、祈願對象的信仰。換言之，其出發點在於自力（當然，佛教隨著歷史的變遷，在逐漸大乘化的過程中，開始了對實在界佛陀的信仰。在這個他力化的過程中，也有佛陀意識的指導）。

其自力之依據，即在「內在睿智」（般若波羅蜜多）之向外湧現的理論上。依據釋迦本身的思想，這「內在睿智」是與大宇宙意志、佛神相連通的。

因此，從嚴密的自力修行之觀點來看，他力思想之存在依據並非十分嚴謹。換言之，釋迦生前的思想，是使每個人都能成佛、向佛的境界進化，所以「信仰存在於自身之外的佛神」這種他力思想並不是佛教的出發點，在這一點上與其他宗教大不相同。

當然釋迦接受了各種高級靈的靈示，因此他充分地知曉諸高級靈的力量，也知悉根本佛之存在。然而，他根據自己修行過程中所獲得的經驗，在引導弟子時，採用了「深入發掘自己的本質，並從中發現內在的睿智」之理論。

各位須知，挖掘內在的睿智，使其湧現而出，是佛教之根本所在。因此，可以說佛教與基督教在出發點上，有著極大的差異。

基督教「人為罪子」的思想，未必能說是耶穌本身的思想。與基督教相較之下，可以說追求開悟智慧的佛教思想，較為領先了幾步。這是因為在基督教中，尚未構築出一個能使人成為神的方法論。

基督教只是對「父、子、聖靈」，做了「天父之神、神之子基督與諸聖靈均儼然存在」的講解，而眾生卻似乎只能被理解為是需要被拯救的一群羔羊，人的存在似乎是處於一個淒涼的場景中。

然而，在佛教之根本點上，以佛性思想為中心，人的生命形像是強有力的。釋迦視人的本質並非是脆弱的肉體，而是充滿了善，蘊含了豐富的可能性。佛教關於「業」的思想，也並非僅具有負面的意義，更具有「在人的心靈深處蘊藏著無限的睿智」的觀點，這與「六波羅蜜多」的思想相通。

釋迦認為，「透過實踐六波羅蜜多的六個德目，可使內在睿智湧出，使佛的能量如湧泉迸發出來」。釋迦的這種思想，結成了大乘佛教思想之果。「人從根本上來說是極有價值的存在，並且在本質上與佛無異」，釋迦的思想即是如此積極的人生觀。

在這層意義上，佛教自始至大乘運動之過程中，皆採取了「用自己的力量拯救自己」或「人已得到了拯救」之肯定性的思想。

二、想法與行為

於前一章對八正道的說明中，我以人的內在想法為中心進行了考察。然而，釋迦的思想並非只是以「內在、內向」的觀點來觀察人，同時，還非常重視「想法」與「行為」之間的關係，以及兩者之間的連續性和整體性。

若是真心的想法，就必定會以某種形式表現於外。如果真的是刻劃於心的想法，將無法掩飾，勢必會透過行為表現出來。

這即是說，若從內在面追求「覺悟」，那麼這個「覺悟」所得之結果必會於外在行為上表現出來，並且這個行為肯定能表現出此人「覺悟」的性質和種類。

因此，想法與行為是一體兩面，無法切割。此人是否是以佛法真理為準則度過人生，可以從其想法和行為兩方面衡量；這是佛教所講述的理論。

那麼，對於「八正道」有關的想法，會以怎樣的方式表現於外呢？「六波羅蜜多」即能解釋這個問題。

看起來，「六波羅蜜多」與「八正道」似乎有重疊的部分，但「八正道」是以「端正想法」為著眼點，而「六波羅蜜多」則是表現出「當內心想法表現於外時，是以何種型態表現？若是一個覺悟之人，自己會展現何種行動」。

追根究柢，修行者之真偽，可以從內在面的「想法」與於外界的「行為」兩方面來確認。

如何看待和評價「修行」，對釋迦佛教來說，是極為重要的課題，這一點不偈限於古印度的時代，即使在現代也同樣重要。一個宗教是否是正確的、是否是真的，可以從想法和行為兩方面去確認。

即便口頭上說得很好，但在人品和行為上令人起疑的話，這個宗教就讓人難以信服了。即使向信徒說得冠冕堂皇，若中心人物的生活靡亂不堪的話，此人又如何能夠成為修行者的典範呢？

一個修行者，有義務以表現於外的行為，去證明自己的內心修為。

三、利自即利他

在思索釋迦佛教時，「利自即利他」（傳統稱為「自利利他」）的思想是至關重要的（注）。

佛教界中有些人認為大乘佛教是後人所創，在釋迦死後五百年，是後世的人創建了大乘佛教思想，編纂了大乘經典。

此外，還有龍樹菩薩的靈魂去了實在界，取回了大乘思想之說。很多人認為，釋迦所說的教義屬於完善自己的小乘教義，而救濟大眾的大乘教義為後人所創。然而，事實並非如此。雖說大乘經典是後人編纂的，但其大部分思想，實際上在釋迦時代早已確立。

因為，釋迦認為修行者如果只知道孤芳自賞、離群索居，那麼就失去了在今世持肉體的意義了。

釋迦在喝了村姑的乳粥後體悟到：「苦行中無覺悟，唯有中道才能求得覺悟。」在這個思想延長線上，包含著藉由磨練己心，讓自己更幸福的利自思想，以及將此幸福感傳播給他人的利他思想。在「中道」思想中，有如此「利自即利他」的想法。

人是一種在社會生活中謀生的「社會性動物」，因此，就不應該成為一味地追求依靠自力的傲慢者，而應該為如何助人著想，將自己的所學傳達給他人比任何事都重要。

在釋迦的思想中，可以看出其濃厚的教育家色彩。

從現今社會的角度來看，「利自即利他」具有以下涵義。

「在磨練自己，使自身偉大的過程中，需促進理想社會的建設，擴大幸福的範圍，並完成自己與他人之間的偉大和諧。傑出的人不應給周圍帶來不和諧，而應該藉由自己的成長，增進社會的幸福。」

換言之，這也就是「將個人透過覺悟所獲得的幸福感，還原給世人」的思想。

這是一種非常重要的思想，維持「利自」和「利他」的同時，在順序上還不能忘記是「從利自到利他」、「利自本身要與利他相連結」。

實際上，在此產生出了一種微妙的思想。以八正道為中心的修行方法，雖然是為了到達「阿羅漢」境界的修行方法，但是要從「阿羅漢」到達「菩薩」境界，則多少需要有利他的思想和行為。也就是說，不能將利自與利他分割開來，「在利自之中須種下利他之芽」，這即是成為菩薩的條件。

在後代禪宗，於獨善其身的世界當中修行的人，之所以未能獲得六次元光明界以上的覺悟，原因就在於此。

「六波羅蜜多」的思想，也是從「菩薩」到達「如來」的階梯，換言之，「六波羅蜜多」是以實踐的角度來論述八正道，是為到達「菩薩」，進而到達更上層階段「如來」的修行方法。

我將在以下各節，就六波羅蜜多各個論點做詳細的說明。

注：在佛教當中，將利益自己稱為「自利」，然而為與「利他」講究平仄，故於此處稱為「利自」，並將「利自他」改稱為「利自即利他」。

四、佈施波羅蜜多

六波羅蜜多，一開始即「佈施波羅蜜多」，別名為「佈施之完成」。在釋迦的思想中，極為重視「施」的觀點。「施」一字非常具有佛教色彩，但是在其根基上是愛的思想。基督教的愛的思想，也流動於佛教的佈施、給予的思想之中。

六波羅蜜多的第一項，即為佈施波羅蜜多，這表現出釋迦非常重視蘊藏慈悲涵義的愛的思想。

接下來，將具體解釋「波羅蜜多」的詞意。

「波羅蜜多」（Paramita）是印度語的音譯，意指到達彼岸，即「到達理想的狀態」。但「波羅蜜多」的意譯也非常貼切，「波羅」是指「內在」或「內心深處」的意思，「蜜」指「非常有價值、珍貴的」，「多」則為「滾滾湧現的樣子」，如此意譯通理達意。

換言之，「波羅蜜多」也就是「深入挖掘心井，睿智即會滾滾湧現」的意思。

「佈施波羅蜜多」即是指透過佈施的行為，品味滾滾湧現的睿智，並將其齊備於己身的修行方法。

佈施分很多種，最常見的是向出家修行者、佛教教團和貧窮者等施予衣食、田宅和財物等物質，這被稱之為「財施」。施予他人財物，也是屬於愛的行為（即便貧窮無法進行財施，也有施予笑容的「顏施」。給予笑容也是很好的佈施，顏施可以使社會變得更美好）。

此外，還有「法施」，這可以說是具有一定精神性高度的佈施。對於心靈乾渴的求道者來說，有如在沙漠中尋水，對其施予法、傳達教義，以及對其煩惱解答，即是最大的佈施。

在釋迦的時代，人們對修行僧施予物品，但是修行僧給予了人們比「物施」更多的回報。換言之，這些修行僧透過「法施」的如此施愛的行為，對在家信眾做了感謝和報恩。當然，在家信眾對尚未覺醒信仰之路的人傳達教義，也屬於法施。

進而還有「無畏施」，這是幫助持有煩惱、痛苦和恐懼心的人解除恐懼的佈施，使其獲得安詳的心，救人於危難之中。

以上的財施，法施和無畏施，被稱之為「三施」。

五、持戒波羅蜜多

下一個修行方法和修行目的，即「持戒波羅蜜多」，這稱之為「守戒之完成」。

對於修行，人們常會有修行是否一定要有戒律，或者修行是否意味著要過檢樸生活的疑惑。持戒的觀點，不僅在佛教中有，在其它宗教教義中也有。

在戒律方面有名的宗教，有伊斯蘭教和基督教。伊斯蘭教中有著非常嚴格的戒律，在基督教中，也一樣對修道士和修女有著相當嚴格的戒律。

之所以需要戒律，是因為世間上有很多誘惑，為保護修行者而設置了一道防線。一昧地要求實踐「正思」、「正業」等，一般人或許難以理解。因此，設定了「至少遵守這些事項，不要違反這些規定」等等類似防波堤的戒律。

釋迦認為戒律是非常重要的，理由之一在於戒律有教育眾生的作用。如果不設定某種程度的戒律，對於修行者來說，要在每天修行中律己是很困難的。「持戒波羅蜜多」中主要定立了五戒，即「不殺生」、「不偷盜」、「不邪婬」、「不妄語」、和「不飲酒」的五條戒律。換句話說，即「不要殺害生命」、「不偷盜東西」、「不要邪婬」、「不說謊話」、「不沉溺於酒精，不沉溺於誘惑」。

由於當時人們互相殘殺的情形很多，所以，首先是教育人們「不殺生」、「不要殺人」，「不要犯殺生之罪」。

其次，是教導人們「不偷盜」。所謂偷盜就是掠奪、偷取他人的財物，偷盜雖會為己帶來利益，但另一面卻會傷害他人，使人心陷入不安，擾亂社會秩序。

接下來是「不邪婬」。所謂邪婬，即是與婚姻對象之外的異性發生了不正當的關係，為什麼說不可以邪婬呢？理由有兩點。一，它會破壞家庭生活的秩序。其二，它使人心執著於情慾，妨礙正常的修行。

當然，在過去國王或大王、王族等，在身分上需要許多妻妾，並得到了社會民間的承認，所以不屬於邪婬的範圍。

佛教在傳統上，並沒有採取基督教的一夫一妻制，而是承認一夫多妻。當時是有鑑於愛情關係、經濟上的支援、身分、工作上的需要，這也是讓歷代王族會皈依佛教的相關之因。

第四是「不妄語」，妄語包括說謊和誹謗。一是「不要說謊」，另一個是不可說別人的壞話和中傷他人的言詞，並且禁止設圈套誣陷他人。

當時，在釋迦教團裡修行的人當中，總會有人講別人的壞話，或者嫉妒修行較好的人。因此釋迦教團制定了「不能說惡性的話語」的不妄語戒規。

最後是「不飲酒」。飲酒本身是好是壞，眾說紛紜。在實在界的高級靈們也會品酒，因此不能說飲酒本身不好。

但當時在印度的土產酒盡是一些影響健康的劣質酒，並且當時一般認為飲酒的人是放縱自己的懶惰者。實際上，飲酒明顯地妨礙精神統一，也有著會讓人喪失了上進心的一面，因此，為了維持教團秩序，釋迦教團制定了禁止飲酒的戒律，其主旨在於「克己」和「不可屈服於誘惑和欲望」。

以上是釋迦時代具有代表性的戒律，大多已被制定在現今的法律之中，看來現代應需要有更多不同的戒律。

六、羼提波羅蜜多

「羼提波羅蜜多」，別名「忍耐之完成」。佈施、持戒之後，釋迦講述了「忍耐之德」。

回顧釋迦的一生，可以感覺到忍耐是釋迦的特徵之一。在漫長的歲月中，要開拓己心，提升靈魂，「忍耐」是絕對必要的一項修行。因此，「羼提波羅蜜多」是修行者被賦予的一個重要德目。

人們之所以會有焦躁的情緒，大多是起因於缺乏忍耐力。這種焦躁，在結果上會使人心煩意亂、心神動搖，繼而發展成為與他人之間人際關係的障礙。

一旦認知到忍耐是使人生走向勝利之路的重要特質時，可說此人的心境已經更提升了一層。

「羼提波羅蜜多」主要由四個忍耐修行部分構成。

第一是要對焦躁警戒。做為修行者的特有問題，有時會想要比他人提早獲得覺悟，進而出現焦躁的情緒。然而，要達到真正的悟境，需要無盡的時間。修行者之所以被稱為修行者，即在於此人必須在漫長的時間中，對於尚未獲得覺悟抱持著忍耐。一旦失去了忍耐力，便會開始墮落。

第二是「忍辱」。忍辱並非是一味地忍氣吞聲，而是不讓悔恨之心留於心中，使其順流而過。

在傳達佛法真理的過程中，時而會遇到他人的批判或中傷，這種現象不僅在釋迦的時代有，在現代也有。越是真實的教義，也就越會激起相對應的批判。這是因為錯誤的思想和邪惡的流毒橫行於世，當真實的教義出現時，就會成為他們眼中的敵人。

此時，不能因為遭受了攻擊而中毒倒下，應泰然處之，維持修行者應有的態度，這是修行者一大用心之處。

第三是對於親友反對的忍耐。在三次元世界當中，修行者實際上是在進行一種「與過去訣別」的實踐。當進入修行階段之後，此人的人生會出現截然不同的轉變，因而身旁親戚朋友們會產生誤解或說出讓你感到迷惑的話語。

雖然他們的話是出自於愛，但這是一種在未知更高層次真理知識時，所表現出來的三次元的愛。當他們用世間常識阻擋了修行時，此時如何保持平靜之心，如何忍耐即是至關重要的問題了。

第四是對於魔的忍耐。修行者在到達覺悟境界的過程中，多會遭受到各種惡靈、惡魔的迷惑和攻擊。即便是釋迦，也曾遭受惡魔波旬的迷惑；耶穌也遭遇過惡魔別西卜的困惑。

修行者都希望能夠避免受到惡魔的妨礙，但如果在世間出現了許多覺悟之人的話，惡魔就會感到附身在世人身上變得很困難，自己為非作歹的活動領域也變得狹窄。因此，惡魔會以其自衛本能，想盡快遮掩住光明。

當遇到惡魔妨礙時，也需要以忍耐去克服。這從讓己心發出光亮的觀點來說，看上去或許很消極，雖然會想要與他們一刀兩斷，但這種不斷忍耐、克服重重難關的努力是很重要的。

要到達光明的境地，要獲得真正的覺悟，就必然會有遭受惡魔干擾之試煉。對於修行者來說，此時的「忍耐」是一個非常重要的德目。

七、精進波羅蜜多

「精進波羅蜜多」，別名「努力之完成」，它闡明了「努力」之德目。

在「八正道」之一的「正精進」，曾提及關於「努力」的課題，雖然意思相同，但「精進波羅蜜多」則明確地提出了具體的實踐目標，可以說「精進波羅蜜多」之重心較偏向於實踐的觀點。這即是說，修行並非只說不做，而是要設定自己的目標，並朝著這個目標「實踐」。

例如，在佈施、禪定以及說法等方面，給自己制定出一定的目標，並努力落實在每日的行動中，讓成果在他人的眼裡也能一目了然。此外，也可在學習方面制定目標，以確認自己有多少的學識積累。這些具體的努力，即稱之為「精進波羅蜜多」，釋迦的弟子們都修過此德目。

釋迦教團的特徵之一，即非常勤勉於學習，這也是與同時代的其它教團的不同之處。其它教團有很多皈依者的志向是要追求超能力，想做一些他人無法辦到的事情，以獲得世人的尊敬。與此相比，在釋迦教團當中，一方面有著與異次元世界、靈性世界進行交流的一面，同時，也要求修行者具備基礎常識，培養準確的判斷能力，無論身在任何立場都不會感到羞愧。因此，可以說釋迦教團對於持續學習佛法真理的意欲，是非常強烈的。

這種學習意欲，能夠提升基於佛法真理的常識，並構築出成熟的人格。

雖然常言道，「重學者可成大器」，然而學習不是在獲得特定知識後，才會出現效果。在立定目標不斷努力的過程中，就已經在構築偉大的人格。因此，無論學問的領域是什麼，都可以看出學習之人的人格會有所提升。

所以，不斷在佛法真理這種最重要的知識上精進學習的人，其人格會發出非常奪目的光彩，並成為出色的人才，這可以說是理所當然的結果。

這「努力」的德目，也是釋迦教義之核心內容，其本身是對「不做任何努力也可以獲得覺悟」、「只要祈禱就能獲得庇祐」等投機想法的沉重抨擊。「透過了不斷地努力，釋迦佛教提高了法的深度」，我認為此為不可忘記的觀點。

八、禪定波羅蜜多

「禪定波羅蜜多」，別名「精神統一之完成」。

此德目雖然與八正道的「正定」重複，但也有不同之處。可以說「正定」是指正確的入定，它是把入定時的精神狀態、思考方式做為一種修行，用以深入反省。而「禪定波羅蜜多」則是把每天不斷地進行精神統一，做為一項實踐的課題。

譬如，在星期天等休假日回顧過去並非難事，然而要在忙碌的一天後，回顧自己的內心思緒和行為，則不是件易事了，將這種每天實踐持之以恆是非常困難的。

所以說，能夠確實每天回顧己心的人，單憑此項實踐，就可說已達到非凡的高度。

我希望各位能夠反觀自己。回顧從出生時到今天以前的人生，未必很困難，但要每日持續不斷地發現、探究、確認己心，就不是一件容易的事了，這需要付出極大的努力。

因此，「禪定波羅蜜多」之最高狀態，不僅是根據特定的做法禪定，而是無時無刻都能進入禪定心境。換句話說，就是在平常的工作和生活中，在走路、說話、工作時，都有著禪定之姿，實際上這即是「禪定波羅蜜多」的完成之姿。

這也就是一天二十四小時，無論在任何時候都是處於禪定狀態，總之己心總是朝向天上界，隨時都能夠與高級諸靈進行對話。其實，人們應該將此做為最高階段的修行目標。

在現代的禪宗中，有許多人在遠離人群的禪寺等地實踐坐禪，在脫離日常生活的環境中去探究心的世界，這並不是件難事。然而在每日的工作之中，依然能夠保持禪定的狀態，這便是極為困難的事情了。

達到那最高境界的禪定狀態時，心是平靜的。此時，無論聽到了別人對自己說了什麼話語，內心仍如一面清澈的湖面，不會引起波紋。

以如此理想的狀態，內心如同處於天上界一般，但身體卻處於三次元世界。

換言之，從心的狀態上無法區分出此人是在世間還是在靈界，能夠過著「三次元即實在界」、「三次元即菩薩界」、「三次元即如來界」的生活的人，即稱為「禪定波羅蜜多」之完成者。

達到如此境界即是修行者的目標，亦是釋迦教團最大的目的之一。

九、般若波羅蜜多

六波羅蜜多最後的德目是「般若波羅蜜多」。

「般若」一詞因《般若心經》等而著名，其意指「智慧」。它不單純是指知識性的智慧，而是指由內心深處湧現出的睿智。

這也被稱為「般若智慧」。智慧由內心深處不斷湧現的狀態，即為真知者的樣子。當達到了能夠獲得般若智慧的階段時，即能夠將世間的學問和經驗，如篩砂淘金一樣，篩選出光彩奪目的金砂。

要使人格達到完成，要把自己締造成某種程度的人物、偉人，的確是需要許多的讀書學習和親身體驗，如此獲得的知識和體驗，會像珍珠一樣耀眼。

可是，當「般若智慧」出現時，這種知識和體驗卻會頓然失色。般若智慧之所以如此偉大，正是因為如果不打開心靈之扉，就絕不可能達到般若智慧的階段。

以實踐「八正道」為中心，不斷端正己心，隨之，心靈之扉便會敞開，便會聆聽到自己守護靈、指導靈的聲音，能夠與之交流。在靈界的守護靈、指導靈具有遠遠凌駕於世人之上的智慧。因為，在實在世界的諸靈，擁有著前世的體驗和學習經驗。

而對生活在世間的人來說，前世的體驗和學習，只能在表面意識中剩下一成左右，其餘的九成左右都潛在化了。在靈界則是相反，前世的知識九成被表面意識化，過去在世間的生活意識，反而多會潛在化。

因此，光是從這個比例上來看，靈人就比世人多大約九倍的智慧，這即是靈人的本質。即便是相同的靈格，但和轉生於世間之人的智慧相比較，靈人的智慧還是會高出九倍左右，更何況在靈界中有許多高於自己靈格的靈人。在同一時代中難以遇見的最高智者，在實相的世界中多如繁星。

在現代，有許多被人們公認頭腦聰明的人，但即使是如何優秀的大學教授、博士等學者，其中有勝過蘇格拉底的人嗎？有能夠凌駕於孔子之上的思想家嗎？

那樣的人在靈界中大有人在。其中不僅曾有史上留名的人，還有許多為過去的文明創造，做出了諸多貢獻的高級靈們。在這些難以數計的靈人集中起來指導世間時，相較之下，世間的知識和努力是極為渺小的。

諸高級靈傳給我各式各樣的靈示，這些靈示中的智慧，具有世人用三次元知識無法達到的質和量。接受這些靈示，也可以說是「般若波羅蜜多」的實踐。

各位須知，要達到人之最高智慧階段，不知要忍受多少磨難、付出多少努力。知曉了佛法真理，意味著已進入自由自在的境地，成為「大力量人」。

十、六波羅蜜多的現代解釋

以上即是關於六波羅蜜多的六個德目的思想，所進行的說明。

最後，我試著歸納在現代當中，如何運用釋迦的六波羅蜜多的思想。「六波羅蜜多」與「八正道」有許多重疊的部分，但我想從不同的角度來總結。

對於「佈施波羅蜜多」，我想從「愛的實踐」方面來加以說明。對此可用現代的「施愛」來比喻，以「施愛的實踐」去理解。

至於若想要讓「持戒波羅蜜多」之精神在當代復甦，就有可能形成一種禁欲主義的復權。然而，在單純平淡的生活中追求知性、精神性的禁欲主義中，

「持戒波羅蜜多」是可行的。

對於一個滿懷崇高的目標、精進於佛道的人來說，多餘的矯飾沒有意義。專心自己所關心的事，對於自己的本業全心投入，對於其他事物不多費神，也許可以將這種生活方式解釋成現代禁欲主義。

「羼提波羅蜜多」是「等待時間、時機」的實踐，在積蓄自身力量的同時，還需要等待時機的成熟。在煩惱的時候，己心不要左顧右盼，應該像是在瓶中一滴一滴地蓄水一樣，累積自己內心的力量，等待時機的到來。

「精進波羅蜜多」即是指不斷地努力，於今天，可把它看做是在探究和學習佛法真理上追求精進。

關於「禪定波羅蜜多」，可視為「八正道之復活」，我今後還將從各角度對「八正道」做深入淺出的說明。在日常生活中，騰出可以內省和沉默的時間，以回顧己心，進行反省，這是很重要的。這是幸福科學所述說的四正道中「反省」的完成。

最後的「般若波羅蜜多」，指智慧之完成，這相當於「四正道」中的「知」的部分。我日後也將持續匯集靈性智慧，將實在界的睿智，以佛法真理的書籍的方式開示於世。

此外，或許已經有人打開心靈之窗，能夠聽到自己守護靈的聲音。做為已心塵埃已去除掉的證明，此人能接受到來自守護靈的靈感。

為了避免讓如此打開心靈之窗的人誤入歧途，有著上述「施愛」、「禁欲的生活方式」、「忍耐」、「持續的學習」和「騰出內省的時間」等五個實踐項目，這對打開心靈之窗的人來說，有著重要的效果。

以上即是「六波羅蜜多」的現代意義。

第四章

「空」的思想

一、何謂人？

本章試著深入探究佛教之「空」的思想。

要理解「空」的思想，首先就必須闡明佛教的人生觀、生死觀和世界觀，否則就難以論述「空」的思想。

在「何謂人」的問題上，釋迦賦予了革命性的定義。

在當時的印度，普遍相信人是背負著宿業的存在，出生時其貴賤已定。換言之，人自出生時，命運已經決定。

但釋迦教導人們，人在業的法則下，雖然有無法逃避的命運，但也有克服命運的方法，那即是為了獲得覺悟的修行。

對當時的人們來說，如此說法無疑是一種福音。雖然當時印度有很多人認為，佛陀所闡揚的教義嚴肅、苛刻，並且否定世間，但佛教的這種革新理論，對人們來說是一個福音。

當時的印度，是一個種姓制度非常嚴格的社會，其中有稱為「婆羅門」的僧侶階級、「剎帝利」的武士階級、「吠舍」的商人階段，以及「首陀羅」的奴隸階級。除此之外，更有連「首陀羅」也不如的低層階級。

比首陀羅的地位更低的是「旃陀羅」，他們不被當人看待，被視同家畜，甚至連家畜都不如。當時家畜反而被當作貴重的動物，而這些「不可觸賤民」卻輕如草芥。

這些人處於無法發揮自力的狀態，出生在這樣的階級，就意味著此人一生不能翻身。而另一方面，若出生在婆羅門階級的家庭裡，即使才能平庸，也能被封為祭司階級。

釋迦對於這種種姓制度持有非常強烈的疑問。

「司長大宇宙睿智的佛，何以會放任這種事發生！為了打破如此種姓制度的社會，要如何做才好呢？」做如此思考的釋迦在教團當中，宣揚透過努力來追求覺悟，以打破種姓制度的藩籬，他試圖創造嶄新的價值觀、嶄新的價值世界。

在釋迦教團中，只要是修行者，不論其出身如何，都可以獲得新的地位，都可以有自己的人生價值、人生目標，釋迦以此為理想。

此與「幸福科學」為創造出「真理價值」而付出努力是一樣的。「幸福科學」正努力創造著一種價值體系，讓社會認同學習和覺悟佛法真理是有價值的。

釋迦的想法與此相同，在當時固定的種姓社會中，釋迦創造出嶄新的真理價值，促進了價值觀的轉換，使一直被隔離於幸福的彼岸的人們，得到了解放。

釋迦為當時的人們帶來了巨大的福音，他讓人們相信透過自助努力和修行，人生的道路是可以開闢出來的。並且他還教導人們，為了能成就那福音，「首先需要發心，即發出追求覺悟之心、菩提心，之後還需要一定的修行」。

二、生與死的意義

接下來探討佛教中「生與死」的意義，以及生死觀。

當時的印度，戰亂此起彼落，是一個終日恐慌的時代，人的性命不能自保。就連養育了釋迦的迦毗羅衛城，也難逃滅亡的命運。即使出現了九次元大靈的釋迦，但是也無法保衛自己的國家和同胞。這也說明了，世間是無常的世界。

當時求生即意味著必須贏得戰爭，要想生存下去，就必須以他人的犧牲為代價。只有消滅敵人保全自己的勝利者，才得以生存，但對於那些軟弱無力的和平主義者來說，這無疑意味著死亡的降臨。

在如此世道背景下，對生的渺茫感，以及對死後世界之嚮往的風潮，在社會上漸漸蔓延開來，或許也不是不可思議的事。越來越多的人對「生」抱持否定的態度而有厭倦的傾向。實際上，在當時追求佛道的人當中，有很多人不是想在此世成佛，而是祈求在來世能夠幸福。「今世痛苦連綿，但願來世回到幸福的世界」，當時有一股如此強烈期盼的風潮。

釋迦的思想中，包含著相當程度有關來世福音的教義。在那種「生」即伴隨著醜陋、骯髒的悲慘時代，一種嚮往來世的信仰，的確成了必要之仰賴。

不過這屬於一種方便方法。讓人們嚮往死後的世界，或許只具有如麻醉劑般的暫時作用，但這也讓世人暫時擺脫無法自拔的煩惱和痛苦。

三、轉生輪迴

在思索生與死的意義之際，最重要的是「轉生輪迴」的思想。

無論是基督教、伊斯蘭教、猶太教，或是儒教、道教，都沒有像佛教這般如此明確地闡述了轉生輪迴的思想，這是佛教最重要的特徵之一（注）。

在世間明確地講述轉生輪迴的思想，即是佛教至今具有巨大力量的原因之一，也意味著佛教是真實的教義。

各位是否能明白，要在世間對眾人傳佈這超乎想像的轉生輪迴的思想，是需要多大的勇氣啊！

佛教思想傳播至今甚為久遠，轉生輪迴的思想也已廣為流傳，所以人們並不會感到有何特別。但是，當這種思想尚未在現實中得到理解時，要明確地宣揚主張「人有過去世和未來世」，是一件多麼困難的事啊！

對許多人來說，很難接受既看不見也聽不到，並且無法親自確認的世界。因此，在當時的印度，轉生輪迴被視為一種近乎信仰的思想，而被眾生所接受。「既然是釋尊說的，那就相信吧」，這是一般民眾的反應，但能真正相信轉生輪迴的人並不多。「釋尊如此肯定這種思想，那就不會錯」，後來人們就開始漸漸相信。

當時並非只有佛教講述轉生的思想，在印度的民俗信仰中也有轉生之說。雖說是轉生，但多半是說人來世會變成蜥蜴、鴿子等毫不相干的動物。

這種人會轉生為各種動物的思想，雖然在對愛護動物、生物的觀點上具有一定的意義，但若從法則的觀點上來看，或許這種思想就有些牽強了。

不過，釋迦非常善於舉例，他不僅以人為例子，還曾經以鹿、鴿子等各種動物為例，來講述過去世，這可以視為一種方便的說法。

事實上，人的靈魂早在幾億年前，即與其它生物有了明確的區別，可以說人的靈魂幾乎不會轉生為動物，人永遠做為人來進行轉生輪迴。

為了修行，一時的宿於動物肉體是可能的，但那也僅是宿於與人類極為接近的高等動物，並且也只是在短暫的一、二年時間。其目的是為了讓人體會，做為人轉生之難能可貴。

因此，在狗或貓等高等動物中，有一部分具有過去曾做為人的記憶。他們即使轉生為動物，也還具有過去自己曾為人的感覺，所以「生」對他們來說是很悲慘的。但在經歷了這個過程之後就會體悟到，能夠做人是多麼的尊貴。

然而，人會轉生為動物，是例外中的例外。一般來說，人的靈魂僅會轉生為人。

掌握到轉生輪迴的思想是極具革命性的。人之所以會產生眾多煩惱和痛苦，都是因為認為生命僅限於今世。當人們認識到「自己是存在於過去世、今世與來世之大河中」時，就意味著人可以憑自己的力量去決定自己的未來。

這即是說，想在來世、未來世獲得幸福的人，就應該在現在播下幸福的種子，透過自力的修行方法，可以確保自己未來的美好前景。

換言之，轉生輪迴的思想，是一種對現在所做出的努力之保證。用現代的話語來說，這就像在銀行儲蓄，保證在幾年後可以收到利息一樣。在轉生輪迴的思想中，含有對未來的保證。從這個觀點出發，轉生輪迴的思想具有善導眾人的力量。

注：當然，也有一種說法，認為佛教沒有積極地倡導轉生輪迴，而是因為受到了印度民俗信仰的影響，只是消極的接受罷了。另外，還有部分言論斷定，釋迦的「無我說」，只是唯物論的「無靈魂說」，或質疑轉生沒有主體，轉生輪迴的理論是不成立的。甚至以為靈魂根本不存在，唯有業，如燭火一般的轉移。

然而，釋迦大悟得「三明」而成為了阿羅漢是歷史的事實。所謂「三明」是指能看通過去世（宿命明）、能看透未來眾生的生與死（天眼明），和能依據佛教的真理斷滅煩惱（漏盡明）的靈能力。這是釋迦的覺悟特徵，若沒有轉生輪迴，也就沒有所謂的「看透過去世」和「看透未來世」。釋迦在說法當中，大量運用了「過去世」和「來世成佛」的故事。因此，認為釋迦具備了「伴隨覺悟的觀自在力」，自然是很正常的想法。

由於釋迦具有看透過去世和未來世的觀自在力，所以佛教的轉生輪迴思想超脫民俗信仰，而成為了一明確的真理。

附帶一提，這對於與釋迦具有同樣靈能力的我而言，是自明之理。對於那些在釋迦入滅後的佛教學者，其幼稚、世俗性的解釋，只能感到愕然不已。

四、實在界的發現

以上講解了佛教的人生觀、生死觀和轉生輪迴觀。

接下來講述釋迦是如何看待、認識實在界的。

在釋迦教團中，釋迦都遂行什麼樣的工作呢？當教團規模達數千人之後，釋迦每週舉行一次大型說法會，除此以外的日子，只和一些高僧弟子談話，以專注於自己瞑想的時間。他也時常在野外禪定，靈魂脫離肉體，心遊實在界。

釋迦對於實在界具有相當高度的認識，他覺悟到了九次元宇宙界的本質，並且掌握到九次元世界並非僅由地球構成，它還擴展到了地球以外的行星。在其他行星中，也有許多出色的靈人進行著修行。

此外，當釋迦獲得了「宇宙即我」之自我擴大的體驗時，他感受到地球變成了渺小的一點，成為了自己的內臟細胞之一，掌握到了宇宙的感覺。

但是，如此內容很難向當時的弟子們進行講解，所以佛陀僅在說法中加入了各種的比喻。當時的人們在心靈的學習上，尚未達到能夠聆聽宇宙構造的程度。

我現在解明了實在界之姿。可是對於距今兩千五百年前印度的社會，講述那般世界有其限制，但釋迦對於實在界已有所領悟。

然而，若說釋迦有何未盡之處的話，即他生活在世間時的世界觀，在相當程度上是以印度為中心。即便在幽體脫離肉體前往實在界時，遇見的靈人主要也是以印度為靈域。可以說，他有著難以見到不同靈域的人們的一面。

此外，在實在界中有著各式各樣形態的人們，釋迦是以一種很珍稀的眼光來看待，然而對於他們是從哪裡來的，是過著什麼樣的生活，並未深入地追究。

但是，釋迦藉由幽體脫離而實際體驗實在界的經驗，讓他在講述生與死的意義、人生的目的、轉生輪迴時，出現巨大的力量。藉由發現實在世界，使他的思想更為提升，並獲得了真實的感受。

我在創立「幸福科學」初期，出版了各種靈言、靈示集，可以說類似於釋迦的經驗。

透過如此大量的書籍問世，讓世人對實在界和高級靈世界的存在，有了現實感受。

總之，宗教是將實在界科學化，若無實在界之基礎背景，就只能成為單純的哲學了。哲學與宗教之不同，就在於涉及實在界到何種程度，並且在現實上對實在界又做了何種程度的科學性解釋，如此說並不為過。

五、重新探究物質界

當認知了實在界的樣貌之後，回頭看三次元物質界，也就是地上界時，又會有怎樣的感想呢？

若是用海外旅行的經驗，或許可以讓各位容易理解。初次到海外旅行，接觸到異國風情的人，一個月或一年後再返國看到自己的家園，會感到非常不可思議。譬如，人口密度之高、車輛之多、道路之狹窄等等。

同樣，認知了實在世界之後，再看地上界、物質界的人，會感到很滑稽，原因之一即在於價值觀的不同。

從高處看世間，人們忙忙碌碌的樣子，就好似螞蟻在搬運砂糖一樣。對螞蟻來說，往蟻穴搬運食糧的行為，具有至高無上的價值。就像對於看到如此情景的人，會感到空虛一樣，在認識實在界的人的眼中，物質界看起來是非常空虛的。

這是最初的感受，隨之便會去思考如此空虛的物質界，其存在的理由究竟何在，進而更會發現這個物質界，其實提供了人們許多修行的材料。

再進一步，人們將瞭解到肉體、物質並非是與靈魂相對立的關係，肉體、物質與靈魂，都是由相同的素材構成，只是體現方式有所不同而已。靈魂是由佛光所構成，物質界也同樣是由佛光所構成。

這好比是水蒸氣冷卻時變成水，再繼續冷卻水就成冰一樣，看起來水和冰好像是不同的東西。「我是靈、我是實在界」、「我是肉體、我是物質界」的說法，就等同「水就是水」、「冰就是冰」的說法。然而，兩者本來就是相同的，只不過外觀不同罷了。

因此，雖然一開始會感覺水和冰是不同的，但若是深入地觀察就會發現，那本來是相同的，只不過是呈現方式不同。

至此，人在看待三次元世界時，便會從消極走向積極，產生一百八十度的轉變。人們能夠在三次元世界中，感受到佛所創造的偉大計畫。

六、佛教當中「空」的思想

上一節的內容，其實與佛教的「空」的思想相關聯。《般若心經》的「色即是空、空即是色」廣為人知。「色與空無異、空與色無異」這句話在佛教中，有著極為重要的意義。當人們對此話的涵義有所理解時，便能對佛教有更進一步的認識。

「色即是空」所表現出的「空」的思想，應該分成兩階段來理解。

首先，「色即是空」解釋了應如何看待兩分化的「世間」和「靈界」，「色」在此是指三次元世界。

所謂「色即是空」，是指三次元世界並非是真實的世界，而是虛幻的世界，而靈界才是實相世界，三次元世界的物質終將會消失。無論是貴婦還是國王，其肉體終將會衰老，其靈魂最終要離開世間，返回實在世界。

因此，「色」，換言之這眼所可見的形體是虛幻的，終究會消失，進入真實的世界，而如此實相世界，因為眼所不能見，故稱為「空」。

另一方面，「空即是色」，即是指實相世界的靈魂，為了修行的目的而無數次轉生到三次元世界，過著持有肉體的生活。如此由一個眼所不見的世界，轉生到一個眼所可見的世界，稱之為「空即是色」。

就像這樣，「空」的思想在第一階段上，是在說明世間與靈界的不同，以及世間與靈界之間轉生輪迴的事實。

然而，尚須探討當中更深層的意義，那即是「是什麼構成這世間和靈界的呢？其本質是什麼呢？」

有「唯神實相哲學」一詞，也可以稱之為「唯光實相哲學」。

「雖然有三次元、四次元、五次元等世界存在，但並非真的有這些千姿百態的世界，唯一存在的唯有光。此光創造了實相，唯有光才是實相。光的變化，顯現出了許許多多的景象。在靈界中的佛光，透過各種形式創造著各種靈體，並在靈體中創造了光子體。

當靈體在地上世間顯現時，靈體中的光子體，便創造出名為靈子的核心。而現代物理學中所稱的基本粒子，即以靈子為基礎誕生出來。進而，基本粒子構成了大型的物質。」

如此世界觀與最尖端的現代物理學一致，最尖端的物理學稱「基本粒子既是粒子也是波動」。基本粒子除了具有粒子的性質，還具備了波的性質。從上述的世界觀來看，基本粒子兼具的粒子和波的性質是理所當然的。

佛光之靈性能量創造了物質，當物質分解後，靈性能量便還原。如此，這種「能量和物質之循環」的思想，可說是「空」的思想。

從此觀點可以解釋「色即是空、空即是色」。空的思想，將會發展到現代的科學研究當中。

七、「空」為何重要？

「空」的思想為何重要？佛教為何提出了「空」的思想呢？為何要講述眼所不見的世界呢？為何眼所不見的存在會出現？出現於眼前的存在又為何會消失呢？這一節要探討如此內容。

後代的禪宗其創立的源流，其實就存在於這領域當中。禪藉由奇特的「禪問答」，使對方覺悟到佛性和實相世界。「藉由完全不同的內涵，使其如照鏡子一般，映照出現在自己的立場或想法，從而達到覺悟的目的」，禪就是使用如此方法。

在這層意義上，可以說「空」的思想構成了禪的源流。然而，禪的思想本身，略有偏離了釋迦思想的一面。

正是因為人將眼可所見的世界視為實在，所以才會起了執著之心。人看到肉體因而對肉體執著，看到異性因而對異性執著，看到食物因而對食物執著，但是在這些執著當中，心是絕對無法安詳的。

心的安詳，是在放下執著之時才能顯現出來的。釋迦深知，唯有無執著的境地，幸福感才會湧現。

因此，釋迦做為第一階段的否定，講述了「色即是空」。「諸比丘、比丘尼啊！你們視物誤以為真，其實你們的肉體、山川草木等形形色色的物質皆是『空』，皆是虛幻。」可想而知，當時佛弟子為此感到多麼的震驚。

用電子顯微鏡觀察過物質的人，便會明白這是事實。把一種固體物質放大後來看，就會發現那是以無數微小粒子聚集而成，裡面充滿了空隙。物質在肉眼當中看起來像是實際存在，但那只不過是眼睛的錯覺而已。

如此，釋迦為了解放人被地上物質束縛的心，使其覺悟到真實的價值世界，講述了「空」。這第一階段的否定，與禪的根本相通。不過光是講述「色即是空」還不夠充分，隨之還必須講述「空即是色」，於是釋迦對此做了如下說明。

「世間萬物，實際上是由佛念所創造而成的。佛念既看不到，也摸不著。然而，當佛念形成話語之際，其意念就會具體顯現。存在於地球上的各類動植物，也是由於佛念而出現。有了那佛念，以及為了傳達如此意念的諸高級靈的活動，這個世界才得以存在。」

由此處可以很明顯地看出，釋迦思想中明顯地有著不偏不倚、維持平衡的特徵。

總括來說，「空」的思想，其一，是一種放下執著的修行方法。其二，是說明世界以及人生是如何成立的教義，也揭開了天地創造的秘密。由於有這兩種涵義，「空」被視為佛教重要的思想。

八、諸行無常的意義

本節再從另一方面解釋「空」的意涵。

佛教中有「諸行無常」一詞。而在日本著作《平家物語》中，一開頭即提到了這個詞，因此廣為人知。諸行無常這句話，似乎略帶有悲觀的色調，容易讓人為擁有的一切終將消失、沒落而陷入絕望的感覺。《平家物語》的作者也曾說過：「看到源氏及平家的沒落衰亡之姿，實在感到諸行無常。」

但各位必須知道，在釋迦講述的諸行無常思想中，含有知曉實相世界者所具備的不動搖之觀點。所謂諸行無常，並非僅是在指世間上的一切變化無常，而是需要以實在世界的角度，來觀察世間人們不斷變化的榮枯盛衰。

在不斷的變化當中，存在著永恆之不變，人唯有把握住這個不變的本質，才能掌握住世界存在的真正意義。諸行終將隨著無常之河，漂流消失，但在有如河水流逝的人類歷史中，唯有掌握到那不動搖的觀點之人，才會知道世間流動的虛幻。

這即是說，諸行無常並非是在表達厭世的想法，而是在講述那以實相世界為立足點之人，眼中所映照出來的社會之姿。

這對於現代來說也相同，當以認識了佛法真理世界的眼睛，再去觀察商業社會，便能看出其中的虛幻。知道佛法真理之後，在閱讀各種文學讀物時，便會感到那些內容好似不毛之地。在佛法真理的大海之前，世間的一切，終將化為泡沫而消逝。

因此，對於靈魂有價值的東西、靈魂的食糧，充滿「貪欲」予以吸收、持續學習是非常重要的。如果缺少如此價值觀，便無法真正理解在世間擁有生命的意義是什麼。

在結論上，不可將諸行無常誤解為消極的厭世觀。其真實意義意味著，當能夠以實在界的眼光觀察世間時，以往自認為有價值、栩栩如生的事物，將會頓然失色。

換言之，從實在界的觀點來看，世間無休止的競爭、迷戀異性等，是多麼滑稽可笑的。

然而，各位須知，理解了諸行無常，也只是走上覺悟的一層階梯罷了。

九、「空」與「無」

與「空」的思想極為相似的，尚有「無」的思想。「無」的思想本身十分廣大，僅探究「無」一字的思想，就可以寫成一本書，但在本節中僅對何謂「無」進行簡單的說明。

「空」和「無」在字意上有相似之處，但也可理解為有不同的涵義。

正如上述，「空」並非意味著什麼都沒有，它意味著某種存在變化的狀態，指佛的能量的變化之姿。有形變無形，無形變有形，這個過程即稱之為「空」。

因此，「空」是一種循環之法，呈現了「生成、發展、衰退、枯死（消滅）」的宇宙運動法則。

相對於此，「無」並非在表現宇宙的運動法則。「無」是否定，意味著「沒有」。

從這個觀點來看，「空」與「無」實際上是在分別暗示著「時間」與「存在」。

理解「空」的關鍵在於「時間」，「空」表達出了時間的本質。

在時間的概念中有「變遷」之意，在沒有變遷的空間中不存在時間，那僅是一種靜止、停滯的狀態。藉由萬物發生變動、流轉，時間才會產生。

「空」的思想其實就是時間論，時間即意味著「生成、發展、衰退、枯死（消滅）」之循環過程。

另一方面，「無」的思想則是存在論，我們可以將它視為對比於時間的「存在」。

那麼，何謂存在論的「無」呢？這種思想何以成立呢？

從結論上來講，「無」與「如何看待創造了宇宙之意志」相關。

人們容易將「存在」視為固定、固體、不會變化的東西。這個觀點究竟正確嗎？以下好似禪的問答，代表了「無」的思想。

「你居住的房屋真的存在嗎？地球真有存在嗎？自己真的存在嗎？大地、石頭和動物等真的存在嗎？」

簡而言之，對「當時間靜止時，萬物是否還能存在」的思考，就是「無」的思想。

時間在「空」的思想中是流動的，而在「無」的思想中則是靜止的。

「無」即是在問：「當時間停止於一點上時，世界還存在嗎？大宇宙還存在嗎？」

如此來看，人們眼前所看到的世界，實際上來自於根源佛的意念，或者說是其意念的反射、投影。

換言之，雖說有九次元世界、八次元世界、七次元世界、六次元世界、五次元世界、四次元世界、三次元世界，其實只不過是佛的意志，在各次元的「螢幕」上的投影而已。各位須知，這些世界不過是投射在螢幕上的景色和人物而已。

在那個螢幕上，有如來、菩薩、六次元光明界居民的身影，也有地獄的場景。但這些畢竟都只是螢幕上的影像，當關閉了投影機時，這些世界就會忽然消失，這就是宇宙之創造的真相。

換言之，「所謂存在，是能忽然出現，又忽然地消失的，是依據佛念、佛的意志所投影出來的」，如此觀點即是「無」的思想。

看起來「空」與「無」好像是相似的思想，但在其背後包含著時間論和空間論。從時間論來思考的是「空」的思想，從存在論或空間論來思考的則是「無」的思想。各位可以將「空」與「無」視為以時間和空間、時間和存在為立足點的世界觀。

十、「空」之理論的新展開

若從現代的角度重觀這「空」的理論，它最終必會成為與最尖端的物理學相融合的思想。

現今物理學，在「基本粒子理論」和「大宇宙構造論」之兩個課題上，似乎碰壁，沒有進展，但在物理學的前方，存在的是不可思議的神祕靈性世界，若不能理解實在世界的作用和構造，也許今後的物理學將無法有所進展。

因此，若用現代語重新解釋「空」的思想的話，「空」即是對做為基本粒子之根源的佛光進行分析的理論，或是「相對論」背景中的「靈界科學」。

相對論中有一個前提，即「當達到一定的光速時，時間和空間就會出現扭曲」的理論，愛因斯坦的思考立足點就在於此。

牛頓的物理學，是在時間和空間於一定的狀態下，對其法則的論述。而愛因斯坦發現了「以一定的光速為軸心，時間和空間會產生扭曲，即時間可以伸縮，空間可變形」的理論。

但是，愛因斯坦的這個理論不久將會被推翻。人們終將發現「光速並非一定不變，也不能做為終極的尺度」。

因為，尚有超越「光速」的「靈速」，也就是靈的速度之存在。靈速超越了光速，因此，在靈的世界中可以看到未來。

如果比光速還快，也就是說在太陽發光之前，就可以知道太陽要發光。換言之，即可以看到未來。

靈界的運行速度超越了光速。

在本章的最後，我預言「靈速」在未來將成為新物理學之觀點。

第五章

緣起之法

一、緣的思想

本章將針對釋迦教義的特徵之一——「緣起之法」進行論述，這也是闡明釋迦思想的關鍵之一。

對於「緣起」，首先說明何謂「緣」。

長久以來，在佛教思想中，「緣」是最膾炙人口的話語，人們常會將「有緣」、「重視緣分」等話語掛在嘴邊。至今，這種「緣」的思想，在佛教國家可說是源遠流長。

「緣」是「世間中無偶然」的思想表現，可以說在其詞意深處有著愛的思想。換句話說，「緣」即是指「人與人之間，有一條看不見的緣分之線連結著。在看似偶然的相遇中，其實是那緣分之線緊緊聯繫著」。

聽起來或許非常有宿命論的論調，但是「緣」的思想，肯定了自己不是與他人全然地分開，人與人之間有佛線、佛緣之線相連結，從這層意義上來說是正確的。

靈界當中有五百億以上的人口，其中一部分人轉生在特定的時代和地區。他們在各個地方或國家創造了文明、文化，建立了人際關係。從這層意義上來看，可以說能夠在同時代、同地區生活的人，都是來自某個非常特定的靈魂集團。實際上，這些人大多在過去世裡就有著某種緣分。

此外，一個人在今世能夠遇見很多人，其中有幾個是成為要好的朋友，或是成為夫妻，或是成為師徒，這並非只是單純的偶然。在彼此過去的幾次轉生過程中，就曾有親子、兄弟、朋友等關係，這個緣分在此世再度出現。

當然，在今世也可結下新緣，這也應該說是在佛的引導下所建立的佛緣，這些緣分又會以各種形式展開。

實際上，人生的成功和失敗都與這個緣有關聯。一切人際關係都是由「緣的連鎖」構成，在形形色色的人際關係中，去決定事業以及個人的成敗。

「緣」是佛教中的人際關係學，也是從另一個角度對愛的思想之探究。

二、因果理法

接下來說明什麼是「因果理法」，這是具有濃厚佛教色彩的教義。

佛教中有著「今世夫妻，是過去世之緣」的說法，如果將如此想法進一步分析的話，即是「有了某種原因行為，進而產生某種結果。播善因，結善果；播惡因，結惡果」。

這也是人生最基本的法則之一。佛教之所以做為哲學而成功的原因，正是因為對因果的理法進行了深入的洞察。

為何說今世的親子、兄弟、夫婦之緣是來自於過去世？這種說法的根據何在？因為，彼此在過去世做親子、兄弟、和夫婦時曾有「幸福的感覺」，所以於今世以再結成親子、兄弟和夫婦之緣表現出來。

可以說人在每天的生活中，都在播因果之種。每天播下的種子，從萌芽到成長，最後可以看到結果。

因此，因果的理法是佛教中的成功哲學，亦是幸福哲學。儘管人們容易認為佛教只注重人生的痛苦和煩惱，然而事實並非如此。正如許多偉大的哲學家那樣，釋迦也講述了幸福哲學。若問佛教的幸福哲學主要表現在哪裡，便可以說它總括於「因果的理法」中。

換言之，要想獲得幸福的結果，就應該播下能夠結出幸福果實的種子，並且需要澆水、施肥，讓它接受陽光的照射，使其成長，這是成功哲學的一個法則。這個法則適用於任何事物上。只要盡心努力，這努力必會透過某種形式得到回報，這也符合人們的經驗。

雖然也不乏拚命用功後，卻沒有考上大學等功敗垂成的例子。然而只要付出了努力，這個努力必然會對此人的將來帶來影響。此外，有一句話叫做「好事不出門，壞事傳千里」，這是說，只要做了惡事，有一天必會事跡敗露，進而身敗名裂。

如果以一個法則或物力論來解釋人生的話，就可以說「人生是由一連串的原因、結果所構成的」。雖說播下的種子，未必就能在今世結果，但至少要認識到，如果不種下牽牛花的種子，就不會開出牽牛花。

因此，釋迦曾這麼說：

「人不要總為不幸的結果嘆息，應該朝向未來播下幸福的種子。想要獲得幸福，就需要努力精進。為此，難道不應該向人佈施嗎？難道不應該教化和引導他人嗎？

其功德，必會給此人帶來幸福的結果。即使今世沒有結出果實，但是在回到天上後，必定會有所收穫。這是一種『蓄寶於天倉』的想法。」

因此從這裡可以察覺到，因果的理法是在流動的時間中的一種幸福論。

三、何謂業？

進一步深入探究因果的理法，便會觸及到「業」的思想。常說「人皆有著業」，「業」有時也被稱為「宿業」。

常言道「人是平等的」，但看不同人時，就會發現彼此的境遇，無論是於外還是內在，都有很大的差異。若問這種差異從何而來，結論即人是存在於永遠的轉生輪迴之中，過去世的累積，會對今世造成影響。

若從法則性的觀點來看，「業」既有正面，也有負面。但人們似乎對於「業」，多是抱持否定性的理解。在佛教的世界中，長久以來把今世不幸的原因，解釋為前世造的業之結果。

譬如，「今世被人所傷，是由於自己在過去世曾傷害過別人」、「今世眼睛看不見，是由於在過去自己傷過別人的眼睛」、「今世行動不方便，是由於自己在過去世傷害過別人的腳」，「今世受人凌辱，是由於自己在過去世凌辱過他人」、「今世受人咒罵，是由於在過去世自己咒罵過別人」等。

於是，就容易產生這樣的想法：「依循因果報應的法則，過去累積的宿業，在此世顯現了」、「人生中的許多不幸，是因為承受著許多人『不讓他成功』、『想讓他失敗』等負面詛咒之念，最終釀成了不幸的結果」。

透過回溯前世，去觀看過去世，的確在某種程度上，可以說在一定機率上有這種報應。假設將人生當做是一本習題集來思索的話，其中最具難度的問題，通常都不是起因於今世，而是起因於過去世的原因行為。

然而，不能單純地用「信賞必罰」的觀點，來理解「業」的思想。

在過去世曾經殺過人的人，的確，在今世有可能會處於被人殺害的立場，但那未必僅是一種懲罰。人在轉生之際，能夠自己選擇自己的生涯，有些事必須透過親身的體驗才能覺醒，所以有時候自己會刻意挑選嚴酷的環境轉生。

如此，在一個人的人生計畫中，並非是一帆風順的，當中必定會有讓靈魂得到最高成長所必須經歷的過程。每個人的人生計畫，都是得到此人的承諾後才開始進行的。

「業」會遺留在靈魂記憶中，所以我想要以「靈魂傾向性」的概念重新解釋「業」。每個人的靈魂皆具有靈魂傾向性，當某種特定的狀況出現時，總會採取某種相似的行動模式，進而自己眼睜睜地掉入陷阱當中。以靈魂傾向性的觀點來理解業，比較適合於現代。

當把「業」理解為靈魂傾向時，便會出現以下的問題：「自己的靈魂中最大的特徵是什麼？這個特徵在轉生於世間時，會讓自己碰到什麼樣的困難？常會出現什麼狀況？」對這些問題的回答因人而異。

希望各位能以「靈魂傾向性」來理解「業」，並發掘出自己的靈魂傾向性，思索應該要做何調整。

四、關於命運論

以上論及了「緣起的理法」和「業」的問題。或許有人會隨之提出疑問：「那麼又應該如何去看待所謂的命運論呢？」因此，我想在本節探討有關「命運」的問題。

首先來談談「業與命運是否相同」的觀點，對此，可以將「業」視為「命運」的形成要素之一來認識。譬如，汽車中有的速度快，有的速度慢；有的省油，有的耗油；有剎車功能靈，也有剎車功能不靈；有的迴轉半徑小，有的迴轉半徑大；有的馬力大，有的不能載很多貨等等，不同的車有各自不同的性能和特點，各有千秋。

所謂靈魂傾向性，就好比是汽車的性能和特徵。若是要駕駛汽車開始走人生的旅程，那麼就必須有適合這部汽車特徵的駕駛方式。

若將命運看作是「人生之路」時，那麼「業」的思想，就可看作是行駛在命運之路上的汽車之性能和特徵，或看作是漂流在命運之河上的船之性能和特徵。在某種特定的環境下，順其性能和特徵來駕駛的話，就可以在某種程度上推測出會有怎樣的結果。

譬如，在擲出保齡球時，人們可以推算出如果朝這個方向，使出多大的力道，就能打倒多少球瓶，對人生也可以進行這樣的預測。

針對究竟有無命運的問題，雖然每個人的情況不同，在內容和程度上也會出現差異，但可以說命運是由幾個因素所構成。

第一因素是「業」，即「靈魂傾向性」。第二個因素是雙親、兄弟姊妹等家庭環境。第三個因素是時代和社會環境。第四個因素是個人自身的努力。第五個因素是他人的協助。

雖說這五個因素構成了命運，但可以說在第四「個人的努力」和第五「他人的協助」的因素上，留下了變數的空間。

從第一個因素至第三個，是靈魂傾向性、家庭環境和時代環境，這是在轉生時已定之事，故難以改變。因此，可以說部分命運的前提條件已經註定了。所以，若想要讓人生有所進步，就要看如何掌握「個人的努力」和「他人的協助」這兩個要素。

歸納起來，各位應該要認識到，所謂命運，是由生下來時已註定的條件，加上後天的條件，相互關聯決定的。

五、自由意志的本質

上一節談論到了命運，接下來要論述的是人的「自由意志」。要問人是否具有「自由意識」，答案是肯定的。然而，雖然有自由意志，但它卻在某種程度上會受到外在因素的制約。

譬如，在一班行駛中且擠滿乘客的早班電車上，想從最後一節車廂走到最前面的車廂，有可能嗎？我認為要在擠滿乘客的車廂中移動是不可能的。本來是可以利用手腳自由行走，可是當有他人存在時，就成為難事了。

也就是說，同樣是從最後的車廂走到最前面的車廂，在非上下班的巔峰時間，應該是很容易的事，但在巔峰時段就幾乎無法做到了，理解自由意志之關鍵就在於此。

在人生當中，有著僅靠自己的自由意志也無法解決的難題，也有著憑藉自由意志可以解決的問題。自己目前所面臨的問題到底屬於哪一類，會受到每時每刻的判斷所左右。

當在靠自己的努力也無法開拓道路時，就好比是在客滿的電車中一樣，若不在其他方法上下功夫的話，就無法達到自己的希望。

有一個方法可以解決剛才在電車上移動的問題，即「等待時機」。等到其他乘客下車，車廂中的人變少時再移動。另外，還有一個辦法，即從最後一節車廂下車，從月台走到前面車廂再上車，但這個方法排除了必須一定得在車輛內移動之前提，這意味著可以利用特殊的方法，來發揮自由意志。

實際上這好比是在人生意想不到的地方，截斷前後，命運出現了變化的瞬間。當用平常的方法無法打開局面時，使用過去不曾用過的方法，從而能夠開闢道路。

因此，對自由意志可以分兩個階段來認識。

第一個自由意志，是常識範圍內的自由意志，即是「如果盡了力也徒勞無功時，就只能等待時機」。

第二個自由意志，就是如同下車走到第一節車廂的乘客一樣，鼓起勇氣走出現在的車廂，再登上別的車廂的特別方法。

累積佛道修行而獲得覺悟，從結果上來看，就相當於在混雜的車廂中無法移動的人，暫時跳出車廂一般。當然，若不趕快上下車，就有車門關閉的危險，那或許可以說是像佛道修行一般的嚴酷。

總而言之，透過求悟修行能夠讓你在生活中開闢出一條特殊的活路。自由意志的問題，也可以藉由這種特殊的方法，得到預料之外的結果。

六、地獄思想

在緣起思想之延長上，存在著「天國思想」和「地獄思想」。與基督教不同，佛教理論的精妙之處，就在於佛教對天國和地獄的樣子，做了相當具體的描述。釋迦在世時，對天國、地獄等形形色色景象之所見所聞，形成了其思想的泉源。

釋迦在瞑想時，常會讓靈魂脫離肉體，前往天國和地獄世界。之後，他便對身邊的弟子們講述自己在靈界的見聞。因此，弟子們也漸漸地掌握了天國和地獄的實相，並相信有那樣的世界存在。

佛教極為明確的詳述了地獄世界，而基督教在理論上稍嫌不足，雖有「不信基督者將下地獄」之說，但地獄究竟是怎樣的世界，卻有讓人難以具體去理解的一面。

佛教對於「地獄思想」有極為明確的描述，對於生存在地獄中的人之容貌，以及地獄界的情形，皆有很具體的說明。

因為釋迦是具高度的靈能者，並且，包括後代的釋迦弟子中，靈能者也甚多。因此，他們能夠如實地把握住地獄的樣貌。

在地獄思想的內容中具有兩大重點。

第一個重點是「教育的效果」。

人們認為死後什麼都結束了，所以才會被此世種種快樂奪去了靈魂，因執著而讓己身灼熱。然而，佛教教導人們，來世是存在的，在世間持惡念、行惡行的人，死後到地獄，定會受到應有的制裁。如此說法讓人感到恐懼，所以也具有能夠增強其信仰心之一面。

在這一問題上，任何時代都相同，當靈魂提升到了一定層次時，就會傾聽更高次元的教義。但對尚未到達一定精神程度的靈魂來說，唯有讓他們感覺到「或許自己會惹上某些災厄」，進而才會相信並開始學習佛法，這可以視為一種方便之法。

第二個重點是，「闡明了人的真實之姿」。

換言之，人的靈魂離開世間後，將前往心的世界，若心如惡鬼，那麼這個靈魂的外表就會變得像惡鬼一樣；若心如亡靈，就會顯現出亡靈之姿。佛教的地獄思想，清楚地闡述心是實體存在的，持有著惡心，就會引起怎麼樣的惡性現象。

七、地獄實態

很多人僅把地獄當做一種思想來理解，然而應該認識到，地獄不單是一種思想，而是現實存在，在地獄中生活的人會有現實的感受。雖然如此，這並不意味著地獄是佛創造的。

人在生病發高燒時做夢，都是怎樣的夢呢？或許是漆黑、冰冷的夢境，又或許是在被人追趕下倉皇逃命、掉入洞穴、遭逢事故等不幸的經驗。

實際上，此時人們大多是窺見了地獄的一部分。也可以說，惡夢本身即是地獄。

夢醒之後，一切都好像沒發生過，但那名為地獄的惡夢是難以醒來的，要醒來也需要幾百年的時間。

在地獄中的人，雖然振振有詞地說：「這肯定是惡夢，這種事在現實中怎麼可能發生。」但不可思議的是，此人就是無法從這個惡夢中醒來。這種夢具現實感，此人若不在地獄改過自新，就無法從中脫身。

天國、地獄並非存在於眼所不見的世界裡，天國不是在天空，地獄也不是在地下。天國、地獄與各位生存的世界共存，三次元世界共存著靈性世界，人心隨時與這樣的世界相通。

雖然世人的眼睛看不見，但實際上在人們的日常生活中，在公司中工作時，在學校裡學習時等等，在各種事物和行為的空間中，都有地獄和天國的運作。即使是在平坦、漂亮的道路上行走，在這個空間，也有可能上演著地獄性的殺戮劇。

靈界是一個非常不可思議的世界，所有的想法、心念都會變成現實。有時夢不僅僅是夢，可以認為靈界是醒來與睡眠正好顛倒的世界。

人在一生中，會做幾次極為逼真的夢，並且，有些夢的內容是以前做過的夢之連續。這種情形，多是以前曾在睡眠中到過靈界，並在學習各種經驗後回到了世間，之後又帶著這樣的記憶再一次來到了靈界，繼續如此靈界的體驗。

因此，若想知道自己是天國的人，還是地獄的人，想認識自己的心是傾向於天國，還是傾向於地獄，可以看看自己的夢境，就可知道了。

如果能看到在和平的世界中，與人分享喜悅的夢，其次數較多，這個人就會是天國的人。相反，總是在漆黑、淒涼、嚴酷的環境中不得安寧的話，就可以說此人在睡眠中去了地獄，這或許就是自己來世會去的地方。

當夢不再是夢的時候，你會怎麼做呢？那時你能仰賴的，唯有對佛法真理的認識。有無學習佛法真理，即成為一大分水嶺。

在世間生活時，只要認真地學習佛法真理，就能夠知道如何從惡夢般的地獄界中脫離。對於在生前未曾學過佛法真理的人來說，由於地獄裡沒有學校，所以無法得知如何才能逃出。因此，「知識就是力量」這句話是真理。

八、天國思想

接下來探討佛教是如何理解「天國思想」的。

在佛教中，把天國大致被分為三個部分。第一是「人界」，這是善人去的世界。第二是「天界」，這是已有了一些修行累積、發光閃耀的人所去的世界。第三則是稱之為「佛界」的佛神世界。這是佛教對天國的認識。

但實際上，天國具有各種要素，依此還可以再細分成為四次元、五次元、六次元、七次元、八次元、九次元的世界，事實上還可以再分得更細微。

由於靈界是意識的世界，如果在意識上出現了微妙的差異，彼此居住的世界也就隨之分開來。雖然統稱為天國，但其層階卻是千差萬別。

然而籠統地說，在天國當中，有著在某種程度上覺悟到做為人的善性之人，所居住的「五次元善人界」。在社會中已獲得某種程度的成功，且心中有善的人，所居住的「六次元光明界」。在這之上還有遠離人間的天人、天使的世界，即「七次元菩薩界」和「八次元如來界」。

佛教明確地肯定了天人的世界，並且講述了天人有千姿百態，闡述了天國裡有從事各種職業的天人，這種認識已成為佛教的特色之一。

靈界是世間的延長，因為生活在世間的人死後將回到靈界，所以靈界與世間應該不會有太大的差異。如同世上的人在從事著某種工作一樣，靈界的人也會各自擔負著自己的職責，遂行著自己的工作。

九、天國實態

接下來要進一步探討天國的實態，以及居住在天國的人具有怎樣的現實感受。

一般來說，天國是一個充滿光明、常樂的世界，也是一個常夏的世界和喜悅的世界。若以世人易於理解的方法來說明的話，可以說，天國是一個「彼此交情很好之人相聚，和睦相處」的世界。

對居住在天國之人的特徵，用一句話來說，即「天真爛漫」。居住於天國的條件就是不虛偽做作，有著那般天真爛漫的心。

此外，天國之人還具有對他人「溫柔以待」的氣質，同時也知道不僅要善待他人，同時也要善待自己。從這些想法的出發點上，可以看出天國的人持有「不給別人添麻煩，向周圍分享喜悅」的心。

再用更簡單的話來形容居住在天國的條件，即「在生活中能夠常露笑容」。這種笑容不是做作的笑容，必須發自內心。

因此，當回顧自己時，不知自己哪裡有錯的人，應該靜下心來思考：「當自己在失去頭銜、地位和名譽時，在生活中還能露出發自內心的笑容嗎？」

此外，還有一個非常簡單的觀察基準，即天國中沒有被眾人所厭惡的人，全是受人喜愛的人。人之所以能受人喜愛，就在於此人也喜愛他人。喜愛他人的人，最終一定會被眾人喜愛，這是一種法則。

因此，若自己於日後想回天國的話，就應該常保笑容，抱持一顆純樸的心，做一個被眾人喜愛，也喜受眾人的人。若做不到這一點，天國之門就不會打開。

如果自己不在乎眾人的厭惡，而自我陶醉，就應停下腳步想想：「盡受別人厭惡的自己，死後會去怎樣的世界呢？」

對此，希望各位不要誤解為「可以渴求他人愛自己」。當一個出現在他人面前時就會使別人心情變壞的人，是不可能前往天國的。

天國當中，其心如玻璃一樣透明，所以心中持有惡念時，就無法生活在天國。

從另外一個角度來說，心如透明的玻璃，就會讓人一眼看透。所以即使讓人看透自己的心底，也不會感到害羞的人，必定能夠前往天國。相反，若心中充滿惡臭、污濁和罪惡的念頭，這種臭氣熏天的人，絕不可能居住在天國。

請試想一下，當自己的想法，被他人赤裸裸地看穿時，會不會感到害羞呢？如果有很多地方需要遮掩的話，就表示自己的心，距離天國尚且遙遠。人要回到天國並非難事，即做到不虛偽、活得天真爛漫、誠摯純真地待人處世，抱持著無論是自己、還是他人都認為是美好的人生態度。

在一個互相能看到對方心底的世界裡，在人生態度上，必須對自己和對他人都能抱持如同透明玻璃，能夠祝福對方的心。並且，能給予眾人影響之人，即會做為天使，成就更大的工作。

十、建設佛國土的根本意義

上述以「緣起之法」為中心，論述了「命運論」、「自由意志論」、「地獄論和天國論」。

佛教為何要講天國與地獄呢？追根究柢，乃因為每天所播下的種，會造就天國與地獄。因此，為建設佛國土烏托邦，讓所有的人都能過美好的人生，就應該也在世間展開天國般的生活。

為此，應該如何去播種呢？首先應該深入理解「緣起之法」的涵義，過著既不害人，又不害己的生活，並在生活中進一步努力增進自己與他人的幸福。

世上有「好人吃虧」或「正直者受壓迫」等現象，但是，做好人沒有錯，做正直的人也沒有錯。即便會被視為異類，但須知，做一個不弄虛作假、不坑害他人的正直之人，如此人生態度方式，是建設佛國土重要的一環。

人應抱持著真心而過，應抱持著誠意而過，不應陷害他人，並相信一切事物均存在於淨化與發展的過程中。人應該抱持著如天使般的人生態度，這至為重要。

建設佛國土絕非易事，但當千萬人認同了這緣起之法時，就有可能成真。人生是在原因和結果之連鎖上構成的，只要時時不忘播種善因，經過時間的累積，周遭必將出現好的結果。

如果目前你身邊出現了不好的現象和環境，那也只不過是因為過去播下的種子，現在結了果而已。當下應該專心於「朝著未來播下善種」的修行之上，如此行為，即是「光明思想」之實踐。

所謂「光明思想」，即充分理解緣起之法、因果法則，播下善種，於是日後即能收穫好的果實。換言之，即使現在眼前的毒麥已經發芽了，那麼今後就不要再播撒有毒的麥種，開始播下好的麥種，專心地栽培，不久金黃色的世界就會呈現在眼前，光明思想即是在述說如此道理。

希望各位能以此為生活信條。

第六章

人之完成的哲學

一、何謂覺悟？

在最後一章，將探討「覺悟」這個淵源悠久的話題。可以說，釋迦佛教的魅力之根源，即在於「個人之悟」當中。

這個「覺悟」是一個非常有趣的想法、思想，並非把人視為需要單純依靠他力來拯救的存在，人應該以自身的意志，站穩腳步，並向前邁出堅強的步伐，這是佛教具有人氣的祕密所在。

佛教的基礎理論相當堅實，或許有人認為佛教是一種既悲觀又軟弱的宗教，但其實在佛教當中，有使人堅強、讓人成為強者的法門。在兩千數百年前，佛教提出了「人人在覺悟後可成佛」的思想，這在當時非常具有劃時代的意義。

這個思想，並非後世的大乘佛教所獨創，而是始於佛陀透過最初說法，使五個修行者獲得了阿羅漢之悟。

人在世上遵守常規，在社會、國家體制下為生活而努力是很簡單的，但是在其起點和終點上，終將具有回歸於「自己」的一面。因此抹殺個體的思想和理論，是很難有好結果的。譬如，共產主義即是如此。共產主義倡導國家至上，而在結果上卻使個人喪失了勞動和進取努力的意欲。

這部分與「個體和整體」的觀點相關聯。從整體當中分出來的個體、從佛的生命分離出來的「個性之光」，其存在的理由，即在「各自發揮個性，使其發光發亮」之上。

因此，雖然最終目標是追求整體的進步，但在出發點上，不能忽視每個人的個性之光，不能把每一個人都看作是相同的。如果是具有個性之光，散發著繽紛色彩的生命，其生命就必須放射出獨自的光輝來。

這即是說，「覺悟」並非單純僅是救贖，更包含著積極有力的價值。「覺悟」與人生意義緊密相連，人的靈魂轉生到三次元世間這個不安定的世界，應該怎樣去發掘人生意義與生存意義呢？其答案即在「覺悟」之中。

換言之，「覺悟」即是「提高自覺，發掘自己的人生目的和使命，以及知曉世界的秘密」。追根究柢，「覺悟」即「真正的知」，它能瞬間迸發出新的幸福感和巨大的能量。因此，不要將「覺悟」只看作是個人的覺醒，而應該認識到當中具有能讓個性發光、發亮的深層意義。

二、覺悟的前提

「覺悟」需要具備三項主要前提。

第一前提，即需認識到「人具有無限的可能性」。若缺乏這樣的認識，「覺悟」根本無法成立。

如果將人定義為「是漂浮在命運之河上的可悲、可憐之存在」的話，那麼就不可能有「覺悟」了。然而，佛教從根本上，看到人的本質是無限美好的。

第二前提，即「不發心即無覺悟」。所謂「發心」，是指內心激發出的意志，用別的詞來形容，也就是「菩提心」。「菩提心」即指求悟之心。

進取心不是外界給予的，熱情若不是從內心湧現出來的話，是無法獲得覺悟的。

因此，「發心」是非常重要的。發心是義務，也是權利，不發心則不可能有覺悟。

第三前提，即要認識到「人透過努力即能獲得結果」。對此，就像前一章「緣起之法」中所說「播種就會有果實」。若沒有這種認識，也就不可能獲得覺悟。想要追求覺悟的人，就必須充分地掌握住「付出了多少努力，就必有相應的回報」之因果法則。

或許，也有可能付出了努力而沒有得到回報，但在心的世界中，只要有播種的行為，就必定會結果。譬如，當你對他人表達關懷，卻遭到對方誤解為多管閒事。但是心的世界中，抱持對他人體貼的心，並施善行，其結果已經同時出現了。

換言之，在靈界只要出現成為原因的念頭或行動，即結果已同時產生。在覺悟的世界中，因果法則是確定無疑的。

一是抱持著「人有無限的可能性」的人生觀，二是發心和鼓起勇氣，三是認識到在覺悟的世界中，只要努力播種和培育，就百分之一百必有收成之因果法則。

以上即是想要覺悟的三項前提。

三、覺悟的方法論

接下來，我將論述覺悟的方法論。想要覺悟，有怎麼樣的努力方法呢？在這個問題上，主要有三種方法。

第一個方法，即不斷修行，獲得智慧，有時心靈之窗會打開，體驗到靈性現象，擴大自己的認識力。可以說這是一條專業修行者、專業宗教家之道。

「專心學習佛法真理，置身於實踐佛法真理的生活中。隨之，不斷積累靈性體驗，並以獲得的認識力去觀察世間事物和自己」。從古至今，此方法最接近正道。

釋迦教團的特徵之一，即在於能夠培養出名符其實的宗教家。或許，當時的社會並不像現代社會如此複雜，有不少人捨棄了世間生活而出家。所謂「出家」，意指「為追求覺悟，決心以一個專業修行者的姿態過生活」。

雖然在「出家的必要性」這個問題上有各種議論，但是必須承認，不論在任何領域，若不專心努力，便不能成大器。

譬如，要成為有名的演員和藝人，就必須全心去磨練演技。想要當畫家，如果不勤奮做畫，就難以成為真正的畫家。若只是在休假日練習，是無法在繪畫界成名的。釋迦教團由於認識到了這一點，所以積極地培養專業的宗教家。

第二個方法，是在家修行，即「立足於世間，身在三次元世界的生活中，心卻遨遊於佛法真理的世界，將自己的餘暇，全都用在探究、學習佛法真理和傳道」。

不是每一個人都能成為出家修行者，但在家修行也是一條覺悟之路。雖然與出家修行不同，但在某種意義上，在家修行有比出家修行還要困難的地方。因為於在家修行的環境中，周遭之事與佛法真理的距離顯得更為遙遠。那就好似在沙地上跑步，或者是穿著鐵鞋走路，困難重重。

然而，生活在遠離佛法真理的塵世中，若心仍然能夠時常朝向佛法真理的話，便藏有許多讓自己成長的力量。在這層意義上，又可以說在俗世中修行，能夠給靈魂帶來更多磨練機會。

第三個方法，是將「覺悟」以多種形式滲透於世間。在第二方法中，我舉出了在家修行是「職業為職業，佛道修行為佛道修行」之二分化的觀點，而這第三條道路，則是意味著要將覺悟，從宗教世界體現到一般世間。

這即是指，不僅是自己追求覺悟，還要把自己獲得的覺悟，以不同的形式表現出來。將佛法真理應用於藝術、文學、思想或者是工作、家庭等現實問題，多方面地展開。

這雖與覺悟的本道有所不同，但這是一種在自己本分內，實踐自我覺悟的人生態度。雖不是專業修行者之道，卻也有這種將覺悟應用在各種領域之路。這是在現實生活中，以實踐佛法真理為中心，並將那經驗化為自身覺悟的方法。

四、覺悟的構造

在思索覺悟的構造之前，就必須闡明人的靈魂與心的構造。為此，首先定義靈魂和心。所謂「靈魂」，是指存在於肉體當中，與肉體同等大的靈性能量體。若以靈視去看人的肉體，可以看到與肉體同大小，同樣有眼、耳、鼻和口的靈魂。它本來只是無形的能量，但由於寄宿在人的肉體中，所以呈現出人體的形狀。

相對於此，心是靈魂的中樞、核心部分，就好比是雞蛋的蛋黃部分，這個控制靈魂的中樞部分稱之為心。若是從視覺的角度說明其位置，即在人的胸腔部位。

靈魂透過心與無限的世界相連，雖然每個靈魂各具獨立性，但心是隨時與無限的世界相連結著的，有時可將心看做是一條與無限世界相連的連接線。也可以說，這條連接線是一條管道，行於其中，可通往形形色色的世界。

總而言之，人的靈魂在三次元世界與肉體共存，心則是與四次元至九次元靈界的各個領域相連。從世間的角度來看，如此說法會感覺到非常不可思議，但請各位務必要認識到如此心的世界之構造。

這與哲學當中所稱「一即多、多即一」的觀點很相似，「雖在那裡，但又不是在那裡；雖不在那裡，但又是在那裡」。這種從表面上看似矛盾，但卻實際存在的世界，即是心的世界。因此，透過人的心「窗」，便可窺見實在界，其感覺好比是從高樓上的瞭望台，用望遠鏡俯瞰世界一樣，可以將所有世界盡收眼底。

心如同是瞭望台上的望遠鏡，如果能夠對準焦距，無論是多遠或多近的景色都能夠看到。既能看到遙遠的山岳，也可看到眼下城市的車水馬龍。只要對好的焦距，調整好鏡頭，就能夠看到形形色色的世界。

可以說，「覺悟」即是調整心的焦距的方法。

「覺悟」也有多次元的構造，左右著心的望遠鏡面向何方，使用多大的倍率，用怎樣的焦距觀察景象。要看近，要看遠，完全取決於你當下的立場。

多次元的世界，並非存在於遠離各位的某處，而是存在於現在，你既可以感覺到它，也可以將它轉變為自己的意識世界。

五、覺悟的效果

上一節用「調整心的望遠鏡上的焦距，觀測各種不同距離的世界」之比喻，說明了覺悟的方法。隨之，「覺悟」的效果又是怎樣的呢？人在覺悟後又能怎樣呢？覺悟具有何等功德呢？也許會出現這一連串的疑問。

「覺悟」主要有三個效果。

第一個效果，即透過提高自身的認識力，可以消解世間的煩惱、痛苦和不安。認識力的提高，就意味著能夠將各種煩惱一掃而盡。

第二個效果，即是能夠為更多的人貢獻。人對自己和世界認識得越深透，就越是知道如何造福更多的人。「覺悟」在提升自身人格的同時，也能夠增強使他人受益的影響力。

第三個效果，即伴隨著覺悟，能感受到幸福。這種幸福感與收入的增加、地位的提升和受人讚賞等世間幸福感受完全不同，而是一種難以言喻的喜悅。這種覺悟於真理的喜悅，是人的靈魂所能體會得到的最大快樂。

人被賜予了這種喜悅，若不知這種喜悅，就不能說已經體會到做人的真實意義。「覺悟」是人生旅途中，佛所賜予的最大禮物。不知如此喜悅，就不能說是真正的人。

就像這樣，覺悟的第一個效果，即是能藉由認識力的擴大，消除煩惱。第二，能夠擴大使他人受益的範圍。第三，能享受到伴隨著覺悟而來的最高的喜悅、幸福感。

六、何謂阿羅漢？

在釋迦的教義中，做為教育的目的，最為重視的即是達到阿羅漢的狀態。阿羅漢之所以如此受到重視，正是因為達到阿羅漢境地，除了意味著做為世間之人在第一階段上得到了完成，同時也代表著進入了一種易於與靈界高級諸靈交流的狀態。

換言之，「阿羅漢」意味著人在世間，可以感受到實在界的存在，並且活於世間就有如活在實在界一樣，此為最初的階段。

若以我講述的階段論來說明的話，阿羅漢境界相當於六次元光明界的上層階段之覺悟。六次元覺悟是充分地理解佛法真理的階段，而六次元上層階段是成為菩薩之前的階段，在此的人們，皆是菩薩的候選人，要準備通過困難關口而進入菩薩界的人們。

阿羅漢境界，大致上可分為兩個階段。第一階段，是「阿羅漢向」，這是朝著阿羅漢邁進之狀態。第二階段，是「阿羅漢果」，「果」指結果，阿羅漢果是指已達到了阿羅漢之狀態。

「阿羅漢向」和「阿羅漢果」有何差別呢？阿羅漢向的必要條件是，需自覺於自己是一個修行者，並且內心已不受煩惱和痛苦的束縛，在精進的道路上孜孜不倦。要達到阿羅漢果，必須維持如此狀態至少二、三年以上。

心安穩而無執著，即便遭遇糾紛、風波，也維持己心不亂的狀態，並且經常自我反省，精進而不怠慢，某種程度上能接受到來自天上界的指導。如此狀態持續三年，就可以說已達到了「阿羅漢果」，否則就非名符其實。

如果只是把「阿羅漢向」做為目標，有的人在一星期左右就可能達到。回顧自己年幼時期，反省所犯下的錯誤想法和言行後，此時雙眼淚下，「法雨」濕潤了臉頰，彷彿聽到了守護靈的聲音，沐浴於守護靈之光，此時有時即能達到阿羅漢向的狀態。

就像這樣，快者三天至一個星期，便有可能達到阿羅漢向，然而關鍵就在於，能否讓如此狀態持續。一般人隱居於山中一週進行反省修行，可能會接近阿羅漢的狀態，但在下山返回了日常生活中，就常常會立刻蒙塵破功。

流下「法雨」，立誓要新生的心情，若能持續二、三年，即能達到阿羅漢果的狀態。若在阿羅漢果的狀態下離開世間的話，無疑此人能夠返回位於六次元光明界上層階段的阿羅漢世界。然而，在已達到了「阿羅漢向」境界的人中，有許多人還是會跌落下來。這種情形就好比是登山，在快要到達山頂的時候，卻翻落下來。

從某種意義上來說，只要學習佛法真理和修行，到達「阿羅漢向」對任何人來說都是可能的。但要真正到達「阿羅漢果」則是非常困難，百人中也只有四、五人而已。

在到達了「阿羅漢果」的人中，繼續能夠進入菩薩境地的人，實際上十人中不足一人。假定「阿羅漢果」有百人，其中有十人若能進入菩薩界，就是極好的結果了。

要到達「阿羅漢果」的境界，需維持三年以上的「阿羅漢向」，而要進入菩薩的境地，則需維持一生。要成為菩薩的前提，必須要以「利他」為宗旨度過一生，這等同於在一生中，都需維持阿羅漢果的狀態。

因此，要進入菩薩境地極為困難。即便有一千名修行者，其中能達到菩薩悟境的仍是少之又少。

七、阿羅漢的修行

以下進一步論述有關阿羅漢的修行。

如果指導者十分優秀，這一千名修行者都有可能到達「阿羅漢向」的境界，其狀態至少可持續一、兩個星期。但千人中只有大約五十人左右，有可能成就「阿羅漢果」。在這五十人中，繼續向上成為菩薩的，也不過只有五人左右，那是極為嚴酷的試煉。

阿羅漢的修行最重要的環節是什麼呢？其中主要有兩個德目。

第一德目，一生至死都抱持著要磨練己心的意志。人心如鏡，很容易沾染灰塵，要像每天擦拭鏡子一樣，不斷地擦拭己心。

為此，必須將磨練自己之課題納入日常生活。就像洗碗、洗衣服、打掃一樣，透過日常生活每天擦拭己心，直到一生結束。

第二德目，即保持謙虛的姿態。在阿羅漢的階段上，最危險的即是「增上慢」，自己陶醉於微小的覺悟當中，滿足於小成之中。

尤其是在阿羅漢狀態中，很容易出現靈性現象，有時能看到他人的後光，或者能聽見守護靈的聲音，因此極易產生「自己是偉大的光明菩薩」等錯覺。

所以有著謙虛的態度很重要，即使自己出現了靈性現象，也不可有「慢心」，需平靜地將其視為一種經驗，並努力在玉石當中篩選玉出來。換言之，在靈性感覺上須具備安定感，但在現實當中，很少人能像優秀的駕駛控制車輛一樣，對靈性現象駕控自如。

第一，一生不忘磨練自己。第二，將謙虛銘刻於心。這兩個德目在阿羅漢的修行中非常重要。

八、菩薩的本質

接下來講述在「阿羅漢」之上的「菩薩」境界。

若沒有在阿羅漢的狀態下轉生輪迴三次，將難以成為菩薩，此為靈界的構造。

人在轉生輪迴的過程中，能達到阿羅漢狀態者，大多是在有偉大的導師降生世間之際。而在此之外的時代，一個平凡人僅憑自己的力量，要達到阿羅漢的狀態是很困難的。雖然也有少數人靠自己的人生經驗，獨自到達了阿羅漢境界，但可說是鳳毛麟角。

阿羅漢大量誕生的時代，亦是偉大的指導者降生世間之時。當偉大的指導者出現時，人們無不希望自己能夠在這樣的時代轉生。

大導師降生於世間，成為其弟子，學其教義，進而到達阿羅漢後，即能為自己積累一定的實力。這好比是打擊率已達到三成的棒球選手，一旦有了三成以上的打擊能力，實力是不會那麼容易就掉下來的。

在大導師的指導下到達阿羅漢境界之人，在三次的轉生輪迴中，都能維持阿羅漢的狀態的話，就可以準備向菩薩境界提升了。

對於菩薩之認定，其條件極為嚴格。要想達到認定的標準，必須要有漫長歲月的實際經驗之積累。一般人大約平均每隔三百年左右轉生到世間一次，要成為菩薩，在到達阿羅漢之後，還大約需要經歷千年的歲月。非經過如此修行，就不能成為菩薩之一員。

因此，以菩薩為目標的修行者，需有千年不退轉的氣概。對一般的人來說，即使能做一、兩年的努力，但是若缺乏堅定意志、謙虛和持續努力的性格，千年間的持續努力談何容易。

經歷了千年磨練的菩薩境地，就不容易被摧毀了。菩薩以上的境界，便是專業指導者，專業教育者的世界了。專業和業餘之差別是顯而易見的，若心靈不經過千錘百煉，就不能被稱之為專業。

要成為菩薩，必須要積累如此漫長的修行歲月，這並非一朝一夕而能成就的。不要以為些許的關懷和愛心捐款等作為就能成為菩薩，而是需要有堅韌不拔的精神和孜孜不倦的進取意志。

在菩薩的本質中，有「利他」和「愛」的要素，在這個「愛」之深處，存在著「要讓世間更美好」的決心和不動搖的意志，這也是孜孜不倦的求道者所特有的「堅忍不拔」的意志。

換言之，為了拯救眾生、讓世間充滿光明和建設烏托邦世界，經年累月不斷走在這條精進之路的人，即能散發出菩薩之光。

他們所散發的光明，並非是虛偽的裝飾，而是發自心靈深處之光。這是在幾百年，幾千年的修行後，從其心靈深處閃耀出的光輝。這個光輝絕非借來之物，而是來自此人的心靈深處。

九、如來的本質

以上講述了，在千人「阿羅漢向」中，若有五人能成為菩薩，即是很好的結果。從阿羅漢繼續向菩薩境界的修行，尚需千年的歲月。

那麼，若「菩薩」要成為「如來」，又將會是怎樣的呢？做為菩薩轉生二、三十次，並且，無論是在任何時代和地區，皆能達到自己八成至九成目標的人，靈魂的安定感和工作能力得到了承認，即成為如來。

因此，從菩薩到如來，需要累積一萬年以上的成功經驗，並且那還必須是「菩薩界上層階段」的菩薩，所以是極為艱難的修行。

即使進入了菩薩界上層階段之後，在一萬年轉生輪迴的過程中，在一定程度上還是會出現起伏不定，還有時候會犯錯。菩薩本應勉勵眾生，但有時可能成為新興宗教的教祖，或者被魔所操縱，誤認為自己是宇宙中的根本神，進而犯下錯誤。

然而，即使是犯了如此錯誤，但由於本來有著崇高靈格，所以終將能夠重返原本的世界，只不過此時需要再次從零開始。即使在菩薩界下有了一、兩千年的修行，只要一旦墮落，就要經過兩、三百年來洗滌心靈上的塵埃，從頭開始修行。

如此，「上層階段的菩薩，維持一萬年的成功」，即是如來的條件。也許即使取得了九千年的成功，在所剩的一千年裡出現了錯誤時，這九千年的努力將功虧一簣，又需要再從零開始萬年的挑戰，如來的修行即是如此艱難。

為此，在上層階段菩薩中能夠成為如來靈格的人，也許在一萬年間，五百人中只會出現一個人左右。五百人的上層階段的菩薩，持續一萬年的努力，才會有一人成為如來。

現今靈天上界中，以如來境界為目標而精進的上層階段菩薩，有兩千人左右。假如按五百分之一的比率來計算的話，兩千人當中會出現四位如來。換言之，在一萬年當中，只有四人能從菩薩境界進入如來境界。即平均兩千五百年，才會出現一位如來。

現今，世間人口約六十多億，若包括天上靈界的人口，總數約有五百億。這五百億人的修行累積結果，在兩千五百年間，只誕生出一位如來，如來之道即是如此艱難。

雖說平均兩千五百年才誕生出一位如來，但是這位如來的出現，對全人類來說是極為慶幸的事。這好比在房間裡裝上了一盞一百瓦的電燈，黑暗中頓然豁亮。在靈界中兩、三千年一度的如來誕生，就彷彿新增了一盞巨大的吊燈，每每為其歡喜。這位新的如來，將會使天上界的力量大增。

在天上界，這種堅韌不拔的活動從未停息。成為如來之人，有如女王蜂一般，成為眾人的精神中心，如來的出現即是新的指導者之誕生。如來在如此漫長歲月的精進求道中，積聚不可動搖的實力，並以此實力引導眾生。

現在天上界的如來尚不到五百人，這四百多人在引導著近五百億的眾生，因此一位如來必須具備能指導約一億人的力量。

要養成如此指導能力，就需要上層階段的菩薩修行中連續成功一萬年。只要積累了如此成績，任何人都必能進入如來之路。

十、成佛之道

以上是成如來之道。即便是平凡的靈魂，若付出了不懈的努力，成功終將到來。事實上，已有許多地球出身的人達到如來境界。

在「如來」境界之上，還有「佛陀」之偉大存在。「佛陀」意指「覺醒之人」、「大悟之人」，在每個行星上，做為救世主，照耀世間。

那般佛陀在地球靈團中有十位。被稱為「佛陀」之存在，不僅是指導一億人，更必須要有實力能擔負起指導一個靈團的責任。

從如來成為佛陀，換言之即九次元大如來，需要付出何等的努力呢？做為如來至少要具備累積一億年引導人類的實際成績，否則就無法成為佛陀。

做為如來不斷地轉生，累積著一億年以上的引導人類的功績，這才能夠進入九次元大如來、救世主的世界。先前說到，上階段菩薩要成為如來要花一萬年的時間，而如來要成為大如來，則需要花一億年的歲月。

因此，目前八次元近五百位如來，若不歷經億年歲月，是無法成為大如來的。若在這期間稍有沉淪，就需要再從零開始精進。

雖說平均一、兩億年就會有一位左右的如來誕生，但至今，地球靈團尚未有大如來誕生。現今十位九次元大如來，都是從其他天體而來的，他們是參與了創建地球靈團的大靈。

但是在地球出身之靈中，已有數人進入了八次元上層階段的「狹義的太陽界」，他們有可能成為大如來。或許在這幾千萬年之內，就會有大如來的出現。

當新的大如來誕生，九次元大指導靈數量增加時，屆時某位大如來將會向其他行星移動，進行嶄新的指導。

就像這樣，人的靈魂就是處於永恆的進化和永恆的努力之過程中。為獲得最終的勝利，唯有忍耐和孜孜不倦地努力，所有的方法盡歸於此。

為何要讚美忍耐和努力呢？因為它能給更多的人帶來幸福。各位須知，唯有為更多的人創造幸福，才是最大的幸福。

後記（舊版）

各位讀者在閱讀完本書時，或許會為達到覺悟的境界如此之難而嘆息。的確，悟道需要歷盡千辛，並非易行之道。唯有下定決心，才是悟道之起點，那亦是到達終點的原動力之源。

若本書能夠指引人們朝向無限的靈性進化的話，那即是作者無上的喜悅。

一九八八年　八月

幸福科學集團創立者兼總裁　大川隆法

後記（改訂新版）

此次將一九八八年發行的原著，再度發行為新版之際，我更加嚴密地論述佛教思想，並補充了不可僅追求覺悟上的靈性能力，亦須瞭解智慧的重要性。

盼望讀者能一併閱讀《覺悟的挑戰》上、下卷（台灣幸福科學出版）、《沉默的佛陀》（同）、《佛陀再誕》（同），進一步提升理解。

一九九七年　十月

幸福科學集團創立者兼總裁　大川隆法

HAPPY SCIENCE

幸福科學集團介紹

幸福科學透過宗教、教育、政治、出版等活動，以實現地球烏托邦為目標。

幸福科學

一九八六年立宗。信仰的對象為地球靈團至高神「愛爾康大靈」。幸福科學信徒廣布於全世界一百多個國家，為實現「拯救全人類」之尊貴使命，實踐著「愛」、「覺悟」、「建設烏托邦」之教義，奮力傳道。

愛

幸福科學所稱之「愛」是指「施愛」。這與佛教的慈悲、佈施的精神相同。信眾透過傳遞佛法真理，為了讓更多的人們能度過幸福人生，努力推動著各種傳道活動。

覺悟

所謂「覺悟」，即是知道自己是佛子。藉由學習佛法真理、精神統一、磨練己心，在獲得智慧解決煩惱的同時，以達到天使、菩薩的境界為目標，齊備能拯救更多人們的力量。

建設烏托邦

我們人類帶著於世間建設理想世界之尊貴使命，而轉生於世間。為了止惡揚善，信眾積極參與著各種弘法活動。

入會介紹

在幸福科學當中，以大川隆法總裁所述說之佛法真理為基礎，學習並實踐著「如何才能變得幸福、如何才能讓他人幸福」。

入會

想試著學習佛法真理的朋友

若是相信並想要學習大川隆法總裁的教義之人，皆可成為幸福科學的會員。入會者可領受《入會版「正心法語」》。

三皈依誓願

想要加深信仰的朋友

想要做為佛弟子加深信仰之人，可在幸福科學各地支部接受皈依佛、法、僧三寶之「三皈依誓願儀式」。三皈依誓願者可領受《佛說．正心法語》、《祈願文①》、《祈願文②》、《向愛爾康大靈的祈禱》。

幸福科學於各地支部、據點每週皆舉行各種法話學習會、佛法真理講座、經典讀書會等活動，歡迎各地朋友前來參加，亦歡迎前來心靈諮詢。

台北支部精舍
台北市松山區敦化北路 155 巷 89 號

幸福科學台灣代表處
台北市松山區敦化北路 155 巷 89 號
02-2719-9377
taiwan@happy-science.org
FB：幸福科學台灣

幸福科學馬來西亞代表處
No 22A, Block 2, Jalil Link Jalan Jalil Jaya 2,
Bukit Jalil 57000, Kuala Lumpur, Malaysia
+60-3-8998-7877
malaysia@happy-science.org
FB：Happy Science Malaysia

幸福科學新加坡代表處
477 Sims Avenue, #01-01, Singapore 387549
+65-6837-0777
singapore@happy-science.org
FB：Happy Science Singapore

釋迦的本心　再次甦醒的佛陀的覺悟

釈迦の本心　よみがえる仏陀の悟り

作　　者／大川隆法
翻　　譯／幸福科學經典翻譯小組
封面設計／Lee
內文設計／顏麟驊

出版發行／台灣幸福科學出版有限公司
104-029 台北市中山區中山北路三段 49 號 7 樓之 4
電話／ 02-2586-3390　傳真／ 02-2595-4250
信箱／ info@irhpress.tw
法律顧問／第一法律事務所　余淑杏律師

總 經 銷／旭昇圖書有限公司
235-026 新北市中和區中山路二段 352 號 2 樓
電話／ 02-2245-1480　傳真／ 02-2245-1479

幸福科學華語圈各國聯絡處／
台　　灣　taiwan@happy-science.org
地址：台北市松山區敦化北路 155 巷 89 號（台灣代表處）
電話：02-2719-9377
官網：http://www.happysciencetw.org/zh-han
香　　港　hongkong@happy-science.org
新 加 坡　singapore@happy-science.org
馬來西亞　malaysia@happy-science.org
泰　　國　bangkok@happy-science.org
澳大利亞　sydney@happy-science.org

書　　號／978-986-06528-5-7
初　　版／2021 年 9 月
定　　價／380 元

Copyright © Ryuho Okawa 1997
Traditional Chinese Translation © Happy Science 2021

Originally published in Japan as
'*Syaka-no-Honshin*'
by IRH Press Co., Ltd. Tokyo Japan
All Rights Reserved.
No part of this book may be reproduced, distributed, or transmitted in any form by any means, electronic or mechanical, including photocopying and recording ; nor may it be stored in a database or retrieval system, without prior written permission of the publisher.

著作權所有．翻印必究
本書圖文非經同意，不得轉載或公開播放

國家圖書館出版品預行編目 (CIP) 資料

釋迦的本心：再次甦醒的佛陀的覺悟／大川隆法作；幸福科學經典翻譯小組翻譯. -- 初版. -- 臺北市：台灣幸福科學出版有限公司，2021.09
248 面；14.8×21 公分
譯自：釈迦の本心 よみがえる仏陀の悟り
ISBN 978-986-06528-5-7（平裝）

1. 佛教教理　2. 佛教修持

220.1　　110011074

廣告回信
台北郵局登記證
台北廣字第5433號
平信

IRH Press Taiwan Co., Ltd.

台灣幸福科學出版有限公司

104-029 台北市中山區中山北路三段49號7樓之4

台灣幸福科學出版　編輯部　收

請沿此線撕下對折後寄回或傳真，謝謝您寶貴的意見！

釋迦的本心

大川隆法

Ryuho Okawa

台灣幸福科學出版有限公司

釋迦的本心
讀者專用回函

非常感謝您購買《釋迦的本心》一書，
敬請回答下列問題，我們將不定期舉辦抽獎，
中獎者將致贈本公司出版的書籍刊物等禮物！

讀者個人資料　**※本個資僅供公司內部讀者資料建檔使用，敬請放心。**

1. 姓名：　　　　性別：☐男　☐女
2. 出生年月日：西元　　　年　　　月　　　日
3. 聯絡電話：
4. 電子信箱：
5. 通訊地址：☐☐☐-☐☐
6. 學歷：☐國小 ☐國中 ☐高中／職 ☐五專 ☐二／四技 ☐大學 ☐研究所 ☐其他
7. 職業：☐學生 ☐軍 ☐公 ☐教 ☐工 ☐商 ☐自由業☐資訊 ☐服務 ☐傳播 ☐出版 ☐金融 ☐其他
8. 您所購書的地點及店名：
9. 是否願意收到新書資訊：☐願意　☐不願意

購書資訊：

1. 您從何處得知本書的訊息：（可複選）☐網路書店　☐逛書局時看到新書　☐雜誌介紹
   ☐廣告宣傳　☐親友推薦　☐幸福科學的其他出版品　☐其他

   ____
2. 購買本書的原因：（可複選）☐喜歡本書的主題　☐喜歡封面及簡介　☐廣告宣傳
   ☐親友推薦　☐是作者的忠實讀者　☐其他

   ____
3. 本書售價：☐很貴　☐合理　☐便宜　☐其他

   ____
4. 本書內容：☐豐富　☐普通　☐還需加強　☐其他

   ____
5. 對本書的建議及觀後感

   ____
6. 您對本公司的期望、建議…等等，都請寫下來。

   ____

   ____

IRH Press Taiwan Co., Ltd.
台灣幸福科學出版有限公司